Andreas Schulze · Wolfram Schulze

Wenn ein Kind gestorben ist
oder Die Farben der Trauer

Andreas Schulze · Wolfram Schulze

Wenn ein Kind gestorben ist oder Die Farben der Trauer

Illustriert von Melanie Garanin

OBERSTEBRINK

c/o Körner Medien UG, Freiburg im Breisgau

Illustrationen: Melanie Garanin
Layout und Satz: post scriptum, Hüfingen
Druck: COULEURS Print & More, Köln

www.oberstebrink.de

ISBN 978-3-96304-034-4

Inhalt

Kapitel 9

Den Tod mit anderen Augen sehen

Service-Teil

Hilfreiche Informationen und wichtige Adressen

Vorwort

Ein Kind an den Tod zu verlieren gehört ganz sicher zum Schlimmsten, was einem Menschen widerfahren kann. Unmittelbar – und oft als unerträglich empfunden – ist der Schmerz des Verlusts, das Gefühl, dass da jemand weit »vor der Zeit« gegangen ist. Elementar sind die Auswirkungen auf Eltern und Familien, die mit diesem Verlust umgehen lernen müssen und deren Zusammenleben sich durch die Katastrophe von einem Tag auf den anderen verändert. Herausfordernd ist die Gestaltung eines Alltags »danach«, zumal in einer Gesellschaft, die den Tod und den Schmerz vielfach auszublenden versucht.

Dieses Buch ist für Eltern gedacht, die ein Kind verloren haben und Rat und Unterstützung suchen. Dieses Buch ist auch gedacht für deren Freunde, Verwandte und Kollegen, die sich mit dem Thema intensiver auseinandersetzen wollen, um konstruktiv helfen zu können. Und es ist gedacht für diejenigen, die beruflich immer wieder mit verwaisten Eltern in Kontakt kommen – also zum Beispiel für Ärzte, Krankenschwestern oder Hebammen, für Seelsorger oder Sozialarbeiter.

Dieses Buch ist gleichermaßen Ratgeber wie Fachbuch. Es bündelt einerseits neueste Erkenntnisse aus Forschung und Praxis. Und es gibt andererseits konkrete Tipps zum Umgang mit verschiedenen Aspekten der Trauer und ihrer Überwindung, die wir als hilfreich für viele erlebt haben.

Wir, das sind Kollegen, die sich mit dem Thema »verwaiste Eltern« seit Jahren und Jahrzehnten in Wissenschaft, Lehre und therapeutischer Praxis befassen oder dieses Thema aus eigener Erfahrung kennen. Wir, das sind Ärzte, Psychologen, Sozialarbeiter, Trauerbegleiter, Studenten, eine Journalistin und eine Zeichnerin.

Wir hoffen, dass wir mit diesem Buch ein stabiles Geländer errichten konnten, an dem sich manchmal orientiert, manchmal ausgeruht und immer festgehalten werden kann.

Wir folgen in diesem Buch dem Gedanken von William Worden, dass Trauer kein geradliniger Prozess ist. Sie ist eher mit einem Puzzle vergleichbar, bei dem zur Lösung der Gesamtaufgabe verschiedene Teilaufgaben gehören. Deshalb haben wir zwar den einzelnen Aufgaben Trauernder jeweils ein Kapitel zugeordnet, ihre Reihenfolge spielt jedoch eine untergeordnete Rolle.

Die Geschichten dreier Familien prägen dieses Buch: eines Ehepaars, das sein »Sternenkind« noch in der Schwangerschaft verliert, einer Familie, deren Kind an einer schweren Erkrankung stirbt, und einer Familie, die ihr Kind durch Suizid verliert.

Die Erlebnisse dieser drei Familien werden Sie durch die Kapitel begleiten – in Reflektionen unserer gemeinsamen therapeutischen Arbeit. Wir danken den Eltern mit Respekt und Hochachtung, dass wir mit ihnen an diesem Buch arbeiten und ihre Erinnerungen und Erlebnisse beispielhaft verwenden durften. Ihre Namen sind selbstverständlich verändert.

Außerdem haben wir am Ende des Buches einen Service-Teil mit Adressen, Anlaufstellen und weiterführenden Informationen hinzugefügt, der Ihnen eine Hilfe sein soll.

Wir hoffen, praktikable Hinweise zu geben, wo diese fehlen und zu jedem Schritt nach vorn zu ermutigen, wo dies wichtig ist.

Mögen aus Trauer und Verzweiflung Dankbarkeit und Hoffnung wachsen können.

MSc. Psych. Natalie Blücher · Dr. Daniela Ehrenberg
Michèle Förster · Melanie Garanin · Dr. Silke Ingrisch
Dr. Heidrun Kieslinger · Ariane Kilian · MSc. Psych. Lorena Lüning
BSc. Psych. Laura Rentz · Priv.-Doz. Dr. Dr. Andreas Schulze
Prof. Dr. Dr. Wolfram Schulze · Carla Vorderwisch
Lena Vorderwisch

Kapitel 1

Die vielen Farben der Trauer

Die wir lieben, sind nur geborgt.
Wann sie gehen, entscheiden wir nicht.

Stefan Zweig

Trauer ist kein Gefühl wie Traurigkeit. Sie geht mit einem breiten Spektrum an Emotionen, Körperempfindungen und Gedanken weit darüber hinaus. Sie kann sich ganz unterschiedlich äußern und ist verbunden mit verschiedenen Empfindungen wie innerer Leere, Wut, Liebe, Hoffnungslosigkeit, Wehmut, Schuld, Einsamkeit und Neid. Trauer kann überwältigend sein, einem den Boden unter den Füßen wegziehen oder als dumpfer Begleiter im Alltag auftreten, langsam und schleichend. Die Trauer ist da, mal im Hintergrund, mal im Vordergrund. Mal ist sie fassbar, mal nicht. Manch einer fühlt sich wie gelähmt und meint, gar nichts zu empfinden. Ein anderer kann schneller lernen, mit seiner Trauer umzugehen und wieder nach vorne zu schauen. All das ist okay. Es gibt keine genaue Anleitung zum Umgang mit Trauer, kein Falsch und Richtig. Und es gibt keine Abkürzung bei den individuellen Trauerwegen. Jeder muss seinen Weg finden.

Wie ein Trauerprozess gestaltet wird, ist unter anderem abhängig von Persönlichkeitseigenschaften, der individuellen Lebens- und Lerngeschichte und der sozialen Eingebundenheit. Je nach deren Ausprägungen bewerten wir Erlebnisse für uns ganz unterschiedlich, empfinden Trauer anders und gehen auf verschiedene Weise mit ihr um.

Trauer ist aber nicht nur individuell sehr unterschiedlich, sondern auch sehr vielschichtig. Sie läuft nicht nach einem allgemeingültigen Schema ab. Erwachsene trauern anders als Kinder, Männer anders als Frauen. Um dies besser zu verdeutlichen, kann man es sich bildlich vorstellen. Kinder springen in die Trauer wie in eine Pfütze. Plötzlich sind sie tieftraurig und müssen weinen. Aber genauso schnell können sie herausspringen, sich wieder mit ihrem Spiel beschäftigen und fröhlich sein. Wir Erwachsenen sind im Umgang mit Trauer eher wie Langstreckenschwimmer. Die Trauer erscheint uns oft wie ein großes Meer, in dem wir mal länger oder mal kürzer schwimmen, bis wir endlich auf eine Insel stoßen, auf der wir uns ausruhen und den Verlust und die Trauer mit etwas mehr Abstand betrachten können. Manchmal zieht uns die Strömung noch hinaus ins Meer, aber wir haben jetzt eine Insel, zu der wir zurückkehren können.

Die Trauer sieht man uns nicht immer an. Dies hat den Vorteil, dass es uns vor ungewollten Fragen, vor unangenehmer Anteilnahme und vor überfordernden Kontakten schützt. Nachteilig kann sein, dass wir uns dadurch mit der Trauer allein fühlen, weil wir falsch eingeschätzt oder sogar überschätzt werden.

Allen gemein ist, dass Trauer ein wichtiger und sinnvoller Prozess ist. Das Durchleben der Trauer macht es uns möglich, Bindungen aufzulösen und zu verändern. Die einzelnen Trauerschritte sind hierbei nicht klar abgrenzbar, sie sind dynamisch, überlappend und es gibt kein eindeutiges Ende.

Sternenkind

Tritt der Tod ins Leben, weil ein geliebter Mensch verstirbt, ist dies für die Hinterbliebenen eine äußerst einschneidende Erfahrung. Dies gilt besonders, wenn die Generationenfolge gebrochen ist. Das Aufwachsen einer Generation nach der anderen scheint die natürliche Abfolge und der Sinn des Lebens zu sein. Die Geschichte der Menschheit spricht genau dafür. Eine Generation gibt nicht nur Werte, Haltungen und materielle Dinge an die nächste weiter. Mit dem Tod der einen älteren Generation tritt die jüngere an die erste Stelle.

Doch was ist, wenn das Kind vor den Eltern stirbt? Ist das das Schlimmste, was Eltern passieren kann?

Hannah Schmied, 33 Jahre alt, arbeitet im Controlling eines mittelständischen Unternehmens. Ihr Mann Thomas, sieben Jahre älter, ist im selben Unternehmen als Abteilungsleiter tätig. Seit zwei Jahren haben beide den starken Wunsch, ein Kind zu bekommen und eine Familie zu gründen. Doch im Alter von 18 Jahren wurde bei Frau Schmied eine Auffälligkeit gefunden, die es sehr unwahrscheinlich machte, schwanger zu werden – das Polyzystische Ovarialsyndrom (PCOS). Zu diesem Zeitpunkt verschwendete Frau Schmied allerdings keinen Gedanken an eigene Kinder. Sie arbeitete intensiv für ihr Studium, verdiente sich nebenbei ihren Lebensunterhalt und verliebte sich in einen Kommilitonen. Beide schlossen ihr BWL-Studium erfolgreich ab, zogen zusammen und fanden im selben Unternehmen einen Job. Der berufliche Aufstieg klappte und die Familienplanung sollte beginnen. Es passierte aber – nichts.

Da erst fiel Frau Schmied die frühere Diagnose wieder ein. Sie informierte sich über ihre Möglichkeiten, schwanger zu werden. Schließlich führte Schmieds der Weg ins Kinderwunschzentrum. Bei der Kinderwunschbehandlung werden Frau Schmied Eizellen entnommen, befruchtet und wieder eingesetzt. Bei der dritten Rücksetzung gibt es schließlich einen Erfolg – Frau Schmied wird schwanger. Das Glück der werdenden Eltern ist riesig, sie bekommen ein Mädchen! Schmieds richten bereits das Kinderzimmer ein und haben einen Namen gefunden, der beiden gefällt: Isabella. Doch im fünften Monat fangen die Komplikationen an. Es folgen Untersuchungen in immer kürzeren Abständen, schließlich muss Frau Schmied im Klinikum behandelt werden.

Die Befunde verschlechtern sich weiter, die Familien sind besorgt. Frau Schmieds Bruder, der in Norwegen lebt, erinnert sich, dass seine Schwester von einem Weihnachtslied, das er mit seinem Chor gesungen hatte, sehr beeindruckt war. Er trommelt seine Sänger zusammen, um das Lied für Isabella aufzunehmen. Einmal kann Isabella das Weihnachtslied im Bauch ihrer Mutter noch hören – dann verlischt ihr ungeborenes Leben. In großer Eile wird das tote Kind per Kaiserschnitt entbunden, weil nun auch Frau Schmieds Leben in Gefahr ist.

Als die Operation überstanden ist, bekommen die Eltern noch die Möglichkeit, von Isabella Abschied zu nehmen. Sie können ihre Tochter im Arm halten, sie küssen und streicheln. Noch ist sie warm. Ein Fußabdruck wird gemacht, Fotos aufgenommen. Schmieds erfahren, dass sie Isabella zusammen mit anderen Sternenkindern bestatten lassen können. Die Ärzte, Hebammen und Schwestern sind einfühlsam und hilfsbereit. Schmieds dürfen im Krankenhaus sogar noch eine Nacht gemeinsam mit ihrer Tochter verbringen. Am nächsten Morgen wird Isabella von einer Schwester abgeholt und hinausgetragen. Es bleiben nur maßlose Enttäuschung, Fassungslosigkeit und tiefste Trauer.

Von der Station bekommen Schmieds noch die Adresse einer psychotherapeutischen Praxis, die sie alsbald aufsuchten. In den Gesprächen dort wurde klar, dass Trauer wichtig ist und Zeit braucht. Manchmal viel Zeit. Und dass jeder Mensch auf seine Weise trauert. Sie schafften es, den Fokus von Verlust auf Dankbarkeit zu verschieben. Durch die gegenseitige, bedingungslose Unterstützung erreichte ihre partnerschaftliche Beziehung eine neue Ebene. In der Not hatte sich auch gezeigt, dass überraschend viele Menschen an ihrem Schicksal teilnahmen – etwa durch eine stille Umarmung oder mit einem Topf Suppe vor der Tür. Schmieds machten die Erfahrung, dass bisher unscheinbare Bekannte zu unterstützenden Freunden wurden. Auch ihre Wahrnehmung veränderte sich langsam von Verlust hin zu Erleben. Als wichtigste Erfahrung blieb wohl die Einsicht, dass die Dinge nie so sind, wie sie sind, sondern immer das, was man daraus macht.

Nachdem einige Zeit verstrichen war, versuchten Schmieds erneut schwanger zu werden. Es folgten noch mehr Operationen, Hormonbehandlungen und Rücksetzungen. Frau Schmied hatte etwa zwei Dutzend Ärzte ertragen, die geschaut, getastet, gespritzt und operiert hatten. Sie hatte Hormone geschluckt und erduldet, was immer nötig war. Doch ihre Versuche scheiterten. »Kinder zu haben ist ein großes Geschenk, das uns nicht vergönnt ist«, stellte Herr Schmied fest. Und sie suchten gemeinsam nach einer veränderten Perspektive.

Inzwischen studiert Frau Schmied Psychologie im Fernstudium. Sie will sich Sternenkindern fachlich widmen, damit sie anderen eine Hilfe sein kann. Und Herr Schmied tut alles, seine Frau dabei zu unterstützen.

Isabella verstarb noch im Mutterleib. Der Tod kündigte sich an, siegte trotz aller ärztlichen Bemühungen und nahm Isabella. Welch ein Verlust! »Der Traum von einem verheißungsvollen Leben, zart riechender Babyhaut, dem ersten Lächeln, Laufen und Hinfallen bis hin zur Schule, der Pubertät, der ersten Liebe, ausgeträumt, himmelschreiendes Leid, ein Kind zu verlieren, unfassbar, wie weiter leben?«*

* *Heuerding & Berger-Zell 2017: 47*

Ähnliches wie Frau und Herr Schmied durchleben in Deutschland jährlich mehr als 10 000 Mütter und Väter von tot geborenen oder im ersten Lebensjahr verstorbenen Kindern.** Häufig werden diese Kinder von ihren Eltern als Sternenkinder bezeichnet, denn sie lebten nur so kurz wie das Aufblitzen einer Sternschnuppe. Sie bekommen ihren Platz in der Ferne des Himmelfirmaments, was der Unerreichbarkeit der Kinder durch den Tod entspricht und doch den »Blickkontakt« ermöglicht. Dies schließt auch religiöse Vorstellungen eines Lebens nach dem Tod ein.

** *Schulze 2022*

Die früh verstorbenen Kinder leben in der Erinnerung der Eltern weiter. Sie sind symbolisch sichtbar und leuchten ihnen. Jeder Blick zum Stern am Himmel symbolisiert diese Verbundenheit. Manchmal werden tot geborene Kinder auch als Schmetterlings- oder Engelskind bezeichnet. Es hat sich so still und leise aus dem Leben entfernt, wie ein Schmetterling fliegt. Oder so zart und zerbrechlich, wie ein Engel scheint.

Ob bei einer Fehlgeburt oder beim Verlust des Kindes in den ersten Wochen nach der Geburt: Es ist immer das Sternenkind seiner Eltern mit seinem Namen. Wenn auch mehrere Eltern die Erfahrung machen müssen, bleibt es ihre individuelle Erfahrung.

Dabei gibt es bei einem solchen Verlust einige Besonderheiten, die es Frauen besonders schwierig machen. Gedanken wie »Mein Körper hat mich im Stich gelassen« sind nicht selten. Hinzu kommen Verunsicherungen bezüglich der eigenen Weiblichkeit, fehlende Anerkennung des Verlusts durch das Umfeld und die Problematik, dass häufig keine ausreichenden Abschiedsrituale vorhanden sind.

Dazu, wie Männer mit einem frühkindlichen Verlust umgehen, ist wissenschaftlich leider noch wenig bekannt. Einige wenige Studien weisen darauf hin, dass Männer eher nicht über ihr Befinden reden, vermutlich auch um ihre Partnerin zu schützen. Häufig sind sie pragmatischer und handlungsorientierter, wollen gerade im Klinikgeschehen jedoch einbezogen und mit ihrer Trauer ernst genommen werden. Ihnen wird die Trauer allerdings auch weniger zugesprochen. Auch hier gilt: Trauer ist individuell und kann nicht von außen beurteilt werden.

Die tödliche Erkrankung eines Kindes

Nicht weniger schmerzhaft für die Hinterbliebenen ist es, wenn die Ursache des bevorstehenden Todes bekannt und erklärbar ist. Wie kann ich aber mit dem Kind in dem Wissen umgehen, dass es in absehbarer Zeit sterben wird – der Tod also schon im Leben der Familie neben dem jungen Menschen steht?

Das Ehepaar Ulrike und Klaus Sommer lebte glücklich miteinander. Sie hatten sich schon früh darauf verständigt, zunächst für materielle Sicherheit und einen gewissen Wohlstand zu sorgen, bevor sie an eigene Kinder denken wollten. Herr Sommer arbeitete im Schichtbetrieb als Anlagenführer, Frau Sommer als Verkäuferin. Sie wurde mit 30 Jahren schwanger, wie sie es geplant hatten: Ihr Sohn Stefan wurde geboren. Stefan war pflegeleicht, erledigte seine Hausaufgaben selbständig, hatte Freunde und Kumpels, spielte Keyboard, trainierte Karate und war in der Nachbarschaft beliebt.

Alles verlief ohne große Komplikationen und schon bald dachte das Ehepaar über ein weiteres Kind nach. Schließlich wurde Sylvie geboren. Sylvie war ebenfalls ein recht unkompliziertes Kind, jedoch etwas zurückhaltender und stand immer ein wenig im Schatten ihres Bruders. Das Familienglück war fast perfekt. Frau Sommer gab ihren Job auf und war mit ihrer Rolle als Mutter und Hausfrau sehr zufrieden. Herr Sommer sorgte weiter für die materielle Sicherheit.

Bei einem Familienurlaub in Italien – Stefan war inzwischen 14 Jahre alt – fiel der Mutter auf, dass er leicht hinkte und seine Kraft offenbar nicht in Ordnung war (»Mutti, kannst du mir bitte die Pizza schneiden?«). Als sich dann auch noch einseitige Lähmungserscheinungen zeigten, befürchteten die Eltern, dass es sich um einen Schlaganfall handeln könnte und fuhren sofort zurück nach Deutschland. Bei der Untersuchung im Krankenhaus am nächsten Tag war nicht nur der Radiologe anwesend, sondern auch ein Oberarzt mit einem weiteren Arzt. Frau Sommer stellte sich bereits auf schlechte Nachrichten ein. Doch als der Chefarzt ihr sagte: »Es tut mir sehr leid, Stefan hat einen Hirntumor und der sitzt an einer Stelle, an der man sehr schlecht operieren kann«, wurden ihre Befürchtungen von der Wirklichkeit noch übertroffen.

Es fühlte sich an wie der Schlag mit einer Keule auf den Kopf. Frau Sommer war fassungslos, hoffte zunächst, dass die Aufnahmen verwechselt wurden – doch dann erkannte sie die grausame Wirklichkeit. Panik stieg in ihr auf, Hektik, Fassungslosigkeit, Hilflosigkeit. Nach dem Gespräch bat der Oberarzt Stefan in sein Büro und erklärte ihm, dass er einen Tumor habe, um den man sich in der Uniklinik kümmern müsse. Den Begriff »Krebs« vermied er. Da aber Stefans Meerschweinchen vor einiger Zeit an einem Tumor namens Krebs gestorben war, war die Diagnose für ihn klar. Er sagte nichts, sondern setzte sich seine Kopfhörer auf, hörte laute Musik und kapselte sich ab. Frau Sommer schossen unterdessen tausend Gedanken durch den Kopf. Sie nahm Stefan mit nach Hause, er sollte nicht allein im Krankenhaus auf den nächsten Tag warten müssen. Als Frau Sommer ihrem Mann von der Diagnose erzählte, brach er hemmungslos in Tränen aus und war verzweifelt. So hatte sie ihn noch nie erlebt. Bis dahin war er immer der Starke gewesen. Frau Sommer rief ihre beste Freundin an. Die bot sofort ihre Hilfe an und kümmerte sich um Sylvie, während Mutter und Sohn zur Uniklinik fuhren und Herr Sommer zu seiner Arbeit ging.

Bei Stefan bestätigte sich der Verdacht auf einen bösartigen Hirntumor. »Der Thalamus ist ein Kerngebiet des Zwischenhirns. Er ist die Sammelstelle für die meisten Sinneseindrücke, die hier auf dem Weg ins Großhirn umgeschaltet werden. Das Sehen, Hören, Fühlen, der Schmerz und die Temperaturempfindungen werden durch den Tumor beeinträchtigt«, erklärte der Universitätsprofessor. »Eine Operation ist wegen der Stelle nicht möglich. Wir können aber mit einer Bestrahlung versuchen, den Tumor zu verkleinern und Stefans Leben etwas zu verlängern.«

Für ihren geliebten Sohn sind die Tage gezählt – Frau Sommer stürzte in ein tiefes Loch. Es hieß, Stefan hätte noch zwischen sechs Monaten und zwei Jahren zu leben. Wie im Nebel begleitete sie ihn auf sein Zimmer. Mittlerweile war er auf den Rollstuhl angewiesen.

Frau Sommer musste jetzt für ihren Sohn funktionieren, sie musste stark sein.

Der Arzt kontaktierte einen Kollegen, zu dem Frau Sommer mit Stefan fuhr. Der versuchte sie von einer Erhaltungschemotherapie zu überzeugen. Doch Stefan lehnte den Vorschlag ab: Leid muss nicht verlängert werden.

Über Monate fühlte sich Frau Sommer wie im Tunnel. Sie redete kaum über ihr Leid und ihren Kummer, schon gar nicht mit Außenstehenden. Sie begann, Trauerbücher zu lesen, sprach in der Uniklinik mit anderen Eltern, die in einer ähnlichen Situation waren. So fand sie den Weg zu einer Gruppe verwaister Eltern.

Stefan ließ die Bestrahlungen über sich ergehen, redete nicht über seinen Tumor und beschloss, wieder zur Schule zu gehen. Seine Schwester Sylvie geriet zunehmend zum Schattenkind.

Die Bestrahlung brachte eine vorübergehende Besserung. Stefan humpelte zur Schule und verlangte, trotz seiner Einschränkungen genauso behandelt zu werden wie die anderen Kinder.

Frau Sommer kümmerte sich um Stefan, erst nur am Tag, später auch in der Nacht. Herr Sommer ging zur Arbeit und zweimal pro Woche zum Sport – anstatt sich um sein Kind zu kümmern, wie Frau Sommer ihrem Mann innerlich vorwarf. Die Ehe wurde immer substanzloser, keiner fühlte sich mehr vom anderen unterstützt.

Stefan wollte unbedingt noch seine Konfirmation erleben und er schaffte es. Doch körperlich ging es mit ihm rapide bergab. Seine Kraft war verbraucht und die ständigen Notbehandlungen gegen die Hirnschwellungen waren nicht mehr zu ertragen. Eine Not-OP lehnte er ab. Bald darauf sagte er zu seiner Mutter: »Die Ärzte sollen mir etwas geben, damit es schneller geht. Ich will sterben.«

Als er eines Nachts friedlich zuhause gestorben war, empfand sie große Trauer. Aber dazu mischte sich auch so etwas wie Erleichterung.

Bei dem 14-jährigen Stefan Sommer kündigte sich die tödliche Erkrankung zunächst unerkannt an und war dann traurige Gewissheit. Wie er selbst mit der Erkrankung umgegangen ist, kann häufig auch bei anderen lebensbedrohlich erkrankten Kindern und Jugendlichen beobachtet werden – die Sehnsucht nach einer gewissen Normalität und keine Sonderbehandlung. Erschwerend kommt für die betroffenen Menschen hinzu, dass Entscheidungen zu bestimmten Behandlungsmaßnahmen getroffen werden müssen. »Sterben und Tod werden – so scheint es – in ordentliche Abläufe gepackt und damit entschärft wie ein Sprengsatz«.*

* *Gronemeyer & Heller 2014: 244*

Eltern, Freunde und Angehörige müssen sich in dem kräfteraubenden Spannungsfeld zwischen Hoffen und Abschiednehmen bewegen. Es gibt viele Eltern, die unter derselben Situation leiden. Der Austausch mit ihnen ist oft hilfreich.

Verlust eines Kindes durch Suizid

Verbrachten die Eltern von Sternenkindern nur eine sehr begrenzte Zeit, manchmal nur einen Bruchteil der neunmonatigen Schwangerschaft, mit ihnen, gibt es beim Tod eines Jugendlichen schon eine Reihe von Jahren gemeinsamen Lebens. In vielfältigen schönen – und manchmal weniger schönen – Situationen konnten gemeinsame Erinnerungen gesammelt werden. Man lernte die individuellen Eigenheiten kennen, baute

eine Beziehung auf, verletzte und tröstete, teilte den Alltag mit all seinen Hindernissen und Freuden.

Daher kann der Suizid eines Kindes für die Hinterbliebenen besonders starke emotionale und gedankliche Verstrickungen mit sich bringen. Bei jedem sogenannten unnatürlichen Todesfall müssen polizeiliche Ermittlungen erfolgen, um die Möglichkeit eines Tötungsverbrechens auszuschließen. Die Ermittlungsbeamten versuchen, alle wichtigen Informationen zu sammeln und leiten diese an die Staatsanwaltschaft weiter. Dabei kann es durchaus vorkommen, dass auch Angehörige zunächst als tatverdächtig gelten können. Dies ist – neben dem Schock, dass das eigene Kind sich suizidiert hat – eine weitere hohe Belastung für die Eltern.

Fast immer taucht die Frage nach der Schuld auf: Wer hat was falsch gemacht? Wer hat etwas unterlassen, das den Tod hätte verhindern können? Wer hat was getan, dass es dazu kommen konnte? Wer hat seine Hilfe versagt und wer hätte etwas anderes tun müssen, als er getan hat? Wer kann für den Suizid verantwortlich gemacht werden?

Frank Richter lebte mit seiner Ehefrau Claudia und den beiden Kindern, Christina, 16 Jahre, und Sebastian, 14 Jahre, ein ganz normales Leben. Die Eheleute sind bereits seit über 20 Jahren ein Paar, es war für beide die erste Beziehung von Bedeutung. Herr und Frau Richter arbeiten beide, haben keine finanziellen Sorgen, leben im eigenen Haus und haben einen großen Bekanntenkreis. Ihre Kinder wuchsen heran, gingen zur Schule, hatten Freunde und Hobbys. Richters waren eine Familie von nebenan.

Ein Ereignis ändert das Leben der ganzen Familie jedoch für immer – die Tochter nimmt sich das Leben. Herr Richter erfährt davon an seiner Arbeitsstelle. Die Nachricht ist ein Schock, überfordert ihn vollkommen. An den Rest des Tages kann er sich bis heute nicht erinnern.

Bald kreisen viele Fragen und Gedanken durch seinen Kopf. Wieso hat unsere Tochter das getan? Sie hatte doch alles! Wie konnte es nur so weit kommen? Was haben wir übersehen? Was haben wir falsch gemacht? Warum hat Christina nichts gesagt?

Der Schmerz und die Schuldgefühle überwältigen Herrn Richter fast. Er sucht sich professionelle Hilfe. Bei der Psychotherapie setzt er sich intensiv mit den letzten Jahren des Familienlebens auseinander. Rückblickend begannen die Probleme schon vor vielen Jahren. Die Paarbeziehung war von Beginn an durch häufige und heftige Streitigkeiten geprägt. Weder Herr noch Frau Richter hatten jemals gelernt, einen Konflikt vernünftig zu lösen. Beide mussten in ihren Elternhäusern die Erwartungen der Eltern erfüllen und sollten möglichst nicht widersprechen. Gehorsam und Leistung waren wichtiger als Zuwendung und Geborgenheit. Insoweit schienen die Ehepartner gut zueinander zu passen. Es wurde einfach gemacht – weniger geredet. Doch dabei bleiben die emotionalen Bedürfnisse zunehmend auf der Strecke. Die Differenzen der Eheleute wurden größer, die Auseinandersetzungen stärker. Dies zog Verletzungen und Enttäuschungen nach sich. Die Beziehung zwischen den beiden wurde immer schwächer. Der gegenseitige Respekt ging verloren, gegenseitige Anerkennung oder Lob wurden Mangelware. Auch die Geburt der Kinder änderte daran nichts. Doch ihnen zuliebe wollte sich das Paar nicht trennen.

Herr Richter hatte zudem Schwierigkeiten, sich in seine Rolle als Vater einzufinden. Er erfüllte seine Aufgaben im Familienalltag und funktionierte, konnte sich aber nur schwer darauf einlassen, was seine Tochter brauchte. Er war mit ihren Gefühlen, etwa wenn sie als kleines Kind viel weinte oder Wutanfälle hatte, überfordert. Auch später war er aus Hilflosigkeit oft distanziert oder es gab Streit.

Er selbst hatte in seiner Kindheit nie gelernt, wie man mit Gefühlen umgeht, wollte bei den eigenen Kindern aber alles besser machen.

Herr Richter entwickelte die Idee, gnadenlos und vollständig versagt zu haben. Dabei hatte er doch alles gegeben, um es besser als seine Eltern zu machen. Dieser Gedanke belastete ihn zunehmend. Jeden Tag kreisten seine Gedanken darum, was er hätte anders machen müssen. Seine Selbsteinschätzung, ein totaler Versager zu sein, zermürbte ihn fast. Ein wohlmeinender Arbeitskollege, der selbst schon von einer Psychotherapie profitieren konnte, empfahl ihm dringend, dies doch zumindest einmal zu versuchen.

In den Gesprächen mit der Psychologin stellte sich später heraus, dass seine Tochter zuletzt immer wieder die Schule geschwänzt und sich von ihren Freundinnen zurückgezogen hatte, in sich gekehrter war. Die Eltern deuteten dies rückblickend als Anzeichen einer Depression, einer schweren psychischen Erkrankung. Dass seine Tochter keinen Abschiedsbrief hinterließ, machte es Herrn Richter zunächst sehr schwer, Antworten auf die vielen Fragen nach dem Warum zu finden und nach vorn zu blicken. Er konnte aber zunehmend erkennen, dass auch ein Abschiedsbrief nicht alle Antworten hätte liefern können. Auch kann mit Hilfe eines Briefes nicht unbedingt zwischen Ursache und Anlass des Todes unterschieden werden. Diese Überlegungen halfen Herrn Richter zu begreifen, dass seine Tochter die Entscheidung selbst und für sich getroffen hatte. Nur sie allein hätte andere Möglichkeiten suchen oder ergreifen können.

Der Verlust der Tochter führte wenige Monate später dann auch zur Trennung der Eltern. Herr und Frau Richter fanden keinen Weg, ihre Probleme gemeinsam zu bewältigen. Sie konnten sich in ihrer Trauer gegenseitig nicht helfen.

Herr Richter suchte sich zusätzliche Unterstützung in einer Selbsthilfegruppe für Trauernde, die einen Angehörigen durch Suizid verloren haben. Er lernte, den Schmerz und die Trauer auszuhalten und mit seinen Schuldgefühlen umzugehen. Er sagte sich: »Ich konnte alles nur so gut machen, wie ich es zu diesem Zeitpunkt wusste. Ich habe mein Bestes gegeben, auch wenn es für Christina vielleicht zu wenig war.« Und er lernte, über seine Gefühle zu sprechen.

Veränderungen, die auf eine Suizidgefährdung hindeuten können, fallen – wie bei der Familie Richter – oft zu spät auf. Die innere Not mancher Jugendlicher wird eher selten erkannt, weil sie oft nicht angemessen geäußert wird. Ihre sensible Entwicklungsphase macht sie besonders verletzlich und birgt erhöhte Risiken des Suizides sowie von Suizidversuchen

In der Schilderung zur Selbsttötung von Christina wird mit den Eltern, dem Ehepaar Richter, im Nachklang reflektiert, wie es zu dieser Entwicklung kommen konnte. Der Suizid ihrer 16-jährigen Tochter traf das Ehepaar Richter mit aller Wucht. Er riss sie aus ihren Lebensbezügen und ihre Tochter aus dieser Welt. Sie blieben mit ihrem Sohn, Christinas Bruder Sebastian, zurück.

Wie gelang es ihnen weiterzuleben? Wie gingen sie mit ihrer Trauer um?

Schockreaktionen

Stefans Mutter fühlte sich mit der Diagnosestellung bei ihrem Sohn wie mit einer Keule auf den Kopf geschlagen. Ahnte sie beim ersten Arztbesuch Unheil, übertraf die Mitteilung letztlich all ihre negativen Erwartungen.

Angst, Panik, völlige Hilflosigkeit, übervoll mit tausend Gedanken oder inneren Bildern, widersprüchliche Gefühle, Weinkrämpfe, körperliche Schmerzen, Übelkeit, Appetitlosigkeit, Schreien, Verstummen, Fluchen, Erstarren, Zusammenbrechen – die Beispiele zeigen, wie unterschiedlich Menschen nach einer so erschütternden Mitteilung, nach einem so schrecklichen Ereignis, reagieren können.

Bei Frau Schmied bahnte sich die Katastrophe im fünften Schwangerschaftsmonat an. Vermehrte Komplikationen traten auf und konnten nicht behandelt werden. Ihre Tochter Isabella verstarb noch im Mutterleib. Bei den Eltern bahnte sich Fassungslosigkeit, Ohnmacht und Verzweiflung an. Sie verfielen in eine Art Starre.

Solch eine Schockphase, die eintritt, wenn man von dem schrecklichen Ereignis erfährt, ist nicht ungewöhnlich. Grundfeste des eigenen Lebens werden erschüttert. In besonders gravierenden Situationen erleiden sie deutliche Risse oder stürzen gar ein. Werte, Vorstellungen oder Vertrauen können verloren gehen. Manchmal hält der Schock Minuten an. Manchmal einige Tage.

Als Herr Richter vom Suizid seiner Tochter Christina am Arbeitsplatz erfuhr, funktionierte er weiter. Emotional war er jedoch wie tot, konnte nichts fühlen und sich später auch nicht mehr an den Tagesablauf erinnern. Er war quasi auf Autopilot gestellt.

Bei einem solchen Schock befinden sich Körper und Geist in einem Ausnahmezustand. Die Welt sieht plötzlich anders aus. Nichts passt mehr wie vorher zusammen. Wer solches Leid erfährt, ist nicht nur zutiefst verletzt, sondern auch besonders verletzlich. In einer solchen Notsituation kann man auf eine der menschlichen Urfunktionen zurückgeworfen werden:

- Erstarren (Verstummen, Sprachlosigkeit, Gefühlslosigkeit)
- Kampfmodus (Herumschreien, Hektik, Aggressivität, Drohungen gegen alles und jeden, ständige Diskussionen mit beteiligten Personen)
- Flucht (sinnleere Aktivitäten wie ständiges Putzen, Aufräumen, vermehrtes Einkaufengehen oder übermäßiger Konsum von Alkohol oder Tabletten werden ausgeführt).

All diesen Reaktionsweisen ist gemein, dass die bislang verfügbaren Muster zur Krisenbewältigung nicht mehr funktionieren. Stattdessen tauchen dabei jetzt eher dysfunktionale Muster aus früheren Lebensphasen wieder auf. Wer bisher Krisen und Konflikte eher ausgesessen hat (Erstarren), wird auch jetzt ähnlich reagieren. Beim Erstarren werden alle Gefühle ausgeblendet, Emotionalität wird abgeschaltet. Derjenige funktioniert nur noch über den Verstand, fast roboterhaft. Nähe, Wärme, Zuwendung, Mitgefühl – nichts davon ist verfügbar. Nach außen wirkt derjenige stumpf und kaum ansprechbar. Von den alltäglich notwendigen Handlungen wie Körperpflege, Arbeit, Haushalt und Einkauf werden nur noch die überlebenswichtigen erledigt.

Wer auf Kampf umgeschaltet hat, wird sich ständig angegriffen fühlen, unangemessen aggressiv verhalten und anderen gegenüber häufig verletzend agieren. Fast alles wird nur negativ gesehen und bewertet, die Toleranz schrumpft auf ein Minimum. Weil derjenige laut und fordernd reagiert, stellt er sich damit zunehmend ins Abseits und wird gemieden.

Wer auf den Fluchtmodus zurückfällt, trifft keine Entscheidungen mehr, die sein zentrales Problem verbessern oder in einem Teil wenigstens lösen könnten. Derjenige flüchtet sich in sinnleere Tätigkeiten wie den Keller aufräumen, dreimal am Tag staubsaugen oder er verbringt Stunden damit, sich penibel mit einer falschen Rechnung zu beschäftigen, deren Differenzbetrag bei 20 Cent liegt. Oder derjenige läuft im wahrsten Sinne des Wortes weg, besucht einen alten Bekannten, statt das dringend notwendige Gespräch mit dem Bestattungsunternehmen zu führen. Auch das Ausweichen in verstärkten Alkohol- oder Tablettenkonsum oder die Entwicklung psychosomatischer Beschwerden gehören zu dieser Gruppe von Fluchtverhalten.

Die Grundreaktionsweisen können sich in der Schockphase zuspitzen. Sie sind bedingt durch die Art und Weise des dramatischen Ereignisses selbst, der eigenen aktuellen Verfassung sowie den bestehenden Belastungen und gegebenen Unterstützungsmöglichkeiten. Und sie sind abhängig davon, was derjenige bisher gelernt und erfahren hat.

Erst wenn die Phase des Schocks vorüber ist, kann Trauer über den Verlust eintreten. Dann ist es wieder möglich mit klarerem Kopf zu handeln. Was kann diesen Prozess unterstützen?

Erste Hilfe

Trotz der vielen körperlichen und psychischen Belastungen, die mit dem frühen Tod des eigenen Kindes für die Frauen einhergehen, erhalten nur wenige routinemäßig psychologische

Unterstützung. Wenn Frauen in größeren Kliniken entbinden, erhalten sie häufiger die Chance auf ein sogenanntes Konsiliar- oder Beratungsgespräch. In unserem Beispiel des Sternenkindes Isabella musste Frau Schmied, nachdem feststand, dass Isabellas Leben in ihrem Bauch erloschen war, zunächst selbst die notwendige medizinische Versorgung erhalten. Es ging um ihr Überleben.

Medizinische Soforthilfe geht immer vor. Darüber hinaus kann psychologische Nothilfe notwendig werden. Diese sollte dann rasch erfolgen.

Frau Schmied fand diese unter dem Fachpersonal in der Klinik und im Konsiliardienst.

Besonders wichtig ist, dass ein solches Krisengespräch an einem sicheren und geschützten Ort stattfindet. Als Ulrike und Stefan Sommer vom Arzt über die tödliche Erkrankung ihres Sohnes aufgeklärt wurden, war das ruhige Büro und die ungestörte Gesprächssituation von Bedeutung.

Wer auch immer sich als Gesprächspartner in Krisensituationen anbietet, muss über ein hohes Maß an Einfühlungsvermögen und Leidensfähigkeit verfügen. Derjenige muss standfest sein und die Situation aushalten können. Die Person muss darüber hinaus in der Lage sein, Vertrauen zu erwecken und ein hohes Maß an Sachkompetenz besitzen. Nur vertrauenswürdige Menschen können Sicherheit und Beistand vermitteln.

Frau Sommer suchte den Kontakt zu ihrer Freundin.

Freundschaften beruhen auf Vertrauen und bilden das wichtigste Netz, das verwaiste Eltern auffangen kann. Der Beistand einer Freundin oder eines Freundes in dieser Not ist eine wesentliche emotionale Stütze. Verständnis, Zuhören und Mitgefühl sind dann wichtiger als fachliche Einschätzungen. Freunde bieten jedoch meist auch ganz praktische Unterstützung: Sie können zum Beispiel mal den Einkauf übernehmen, ein Geschwisterkind betreuen und trösten, kochen oder bei einem Spaziergang begleiten.

Auch Sozialberatung, wie sie in manchen Betrieben angeboten wird oder vertrauensvolle Kollegen und Vorgesetzte können im Moment der größten Krise eine Anlaufstelle sein, Beistand leisten und weitere Unterstützung vermitteln.

Herrn Richter standen diese Möglichkeiten nicht zur Verfügung. Er war zum Zeitpunkt der Übermittlung des Todes seiner Tochter allein.

Für unsere drei Beispielsituationen gibt es nach Abklingen des Schocks zunächst die gleiche Empfehlung: Verbringen Sie, nachdem der Schock abgeklungen ist, möglichst noch viel gemeinsame Zeit mit Ihrem Kind.

Ist Ihr Kind lebensbedrohlich erkrankt, gehen Sie auf dessen Wünsche und Bedürfnisse ein, respektieren Sie dessen Äußerungen. Wenden Sie sich emotional zu und bieten Sie auch körperliche Nähe an. Tun Sie die praktischen Dinge, die Ihnen möglich sind.

Auch wenn Ihr Kind gestorben ist, sollten Sie sich Zeit mit ihm nehmen. Wenn die Möglichkeit besteht, waschen Sie es, kleiden Sie es an, halten Sie es im Arm. Fassen Sie Ihr Kind an. So können Sie die Wirklichkeit des Todes im wahren Wortsinn greifen, be-greifen.

Sie können ihm etwas erzählen und mit auf den Weg geben. Sie können Fotos dieser kurzen gemeinsamen Zeit aufnehmen oder von Sternenkinderfotografen anfertigen lassen. Auch Erinnerungsstücke wie eine Haarlocke, ein Hand- oder Fußabdruck sind wertvoll.

Weitere Möglichkeiten und Rituale des Abschiednehmens werden an späterer Stelle noch benannt.

Kapitel 2
Mit Schmerz und Trauer umgehen

So lange wir leben, wirst auch Du leben,
denn Du bist nun ein Teil von uns,
weil wir uns an Dich erinnern.

Aus dem reformierten
jüdischen Gebetsbuch

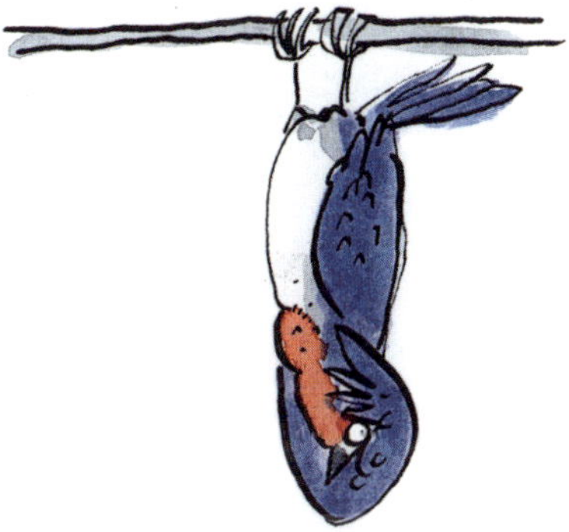

Der Verlust des Kindes ist ein Schock. Er kann in seiner Wucht traumatisierend wirken, d. h. starke psychische Wunden schlagen. Gewohnheiten und Sicherheiten sind nicht mehr präsent und das Familiensystem verändert sich elementar. Diese Veränderungen erzeugen Stress und erfordern eine individuelle Anpassungsleistung. Viele Faktoren haben Einfluss auf den Anpassungsprozess, wie etwa persönliche Faktoren (Charakter, Bewertungsmuster, Gewohnheiten), soziale Bedingungen (Unterstützung durch Familie und Freunde, Zufriedenheit in der Partnerschaft), Ressourcen (finanzielle Situation, Arbeit), Umweltfaktoren (Lebensraum, Wohnbedingungen) und andere mehr.

Natürliche Trauerverläufe

Nach einem belastenden und überfordernden Lebensereignis reagieren Körper und Psyche mit Symptomen wie Ängsten und depressiven Verstimmungen. In gewissem Ausmaß sind solche Symptome eine normale Reaktion auf belastende Ereignisse. Sind sie jedoch von ungewöhnlich langer Dauer oder so stark ausgeprägt, dass sie das Leben mit den alltäglichen Aufgaben des Betroffenen über längere Zeit beeinträchtigen, liegt eine Anpassungsstörung vor. Diese kann sich auch auf den Körper auswirken und mit Symptomen wie Bauchschmerzen, Konzentrationsproblemen, Verspannungen und Herz-Kreislauf-Problemen einhergehen. Nicht selten ziehen sich Betroffene in diesem Zusammenhang aus dem sozialen Leben zurück.

Komplizierte oder verlängerte Trauerverläufe

In seltenen Fällen kann es dazu kommen, dass die Trauer nach dem Verlust eines geliebten Menschen auch nach vielen Monaten oder sogar Jahren nicht nachlässt. Nach dem Verlust ihres Kindes sind Mütter und Väter besonders gefährdet. Es fällt dann auch nach langer Zeit noch sehr schwer, den Tod zu akzeptieren und die Trauer über den Verlust in das eigene Leben zu integrieren. Darüber hinaus wird die Trauer weiterhin ungewöhnlich intensiv erlebt – Schmerz und Leidensdruck erscheinen unüberwindbar. Der Verlust reißt den Trauernden derart den Boden unter den Füßen weg, dass jede Zuversicht in das Leben und die Zukunft wie ausgelöscht sind. Kinder wirken oft sinnstiftend, dadurch geht mit ihrem Tod ein wichtiges Lebensziel verloren. Die Trauernden sind häufig tief verzweifelt, emotional sehr labil und sozial isoliert. Schuldgefühle, Wut und ständiges Grübeln bestimmen den Alltag. Erinnerungen an den Verstorbenen oder Situationen, die Erinnerungen an ihn wachrufen, wirken wie ein Trigger – die Trauer wird dadurch immer wieder reaktiviert.

Durch die starke psychische Belastung entstehen zusätzlich häufig körperliche Symptome wie etwa Erschöpfung, Konzentrationsprobleme, Schmerzen, Schwindel, Essprobleme und Schlafstörungen. Bei manchen Betroffenen stellt man Herz-Kreislauf-Beschwerden fest, welche als »Broken-Heart-Syndrom« bezeichnet werden. In sehr schlimmen Fällen kann die Trauer über den Verlust dazu führen, dass der Hinterbliebene darüber nachdenkt, sich das Leben zu nehmen. Dann gewinnt der Austausch darüber mit wenigstens einer vertrauensvollen Person noch einmal an Bedeutung.

Auch grundlegende Veränderungen im Selbstbild, der Weltanschauung und der Wahrnehmung anderer Menschen können durch solch einen Verlust entstehen. Reaktionen wie Misstrauen, Schuld, Scham, Selbstkritik, Selbstzweifel sowie der Glaube an eine ungerechte Welt erschweren den Anpassungsprozess und stabilisieren die Erkrankung. Das gilt auch für Veränderungen im Verhalten wie etwa Vermeidung und Unterdrückung von Erinnerungen oder übertriebene Sicherheitsmaßnahmen.

Der Verlust der Tochter führte wenige Monate später dann auch zur Trennung der Eltern. Herr und Frau Richter fanden keinen Weg, ihre Probleme gemeinsam zu bewältigen. Sie konnten sich in ihrer Trauer gegenseitig nicht helfen.

Aber es gibt auch Faktoren, die uns schützen und einen natürlichen Trauerverlauf fördern. Dazu zählen beispielsweise soziale Unterstützung, Religiosität und Abschiedsrituale.

Woran genau es liegt, dass der eine das Erlebnis nicht ohne Hilfe ganz und ein anderer schon verarbeiten kann, ist bis heute nicht genau zu erklären. Das Risiko für einen komplizierten Trauerverlauf steigt mit Partnerschaftsproblemen, Schuldgefühlen, psychischen Erkrankungen, ungeplanten Schwangerschaften, einem Schwangerschaftsabbruch bei fetalen Auffälligkeiten (zum Beispiel wenn eine schwere Behinderung festgestellt wird) sowie wiederholten Schwangerschaftsverlusten.

Wenn Sie sich in der Beschreibung wiedererkennen, dann haben Sie mit diesem Ratgeber bereits einen ersten wichtigen Schritt für Ihre seelische Gesundheit gemacht. Darüber hinaus möchten wir Ihnen sehr ans Herz legen, nicht länger zu zögern und sich psychotherapeutische Hilfe zu suchen. Wo Sie Hilfe finden, können sie am Ende dieses Buches nachlesen.

Die Trauer der Geschwisterkinder

Meistens kommen nach dem Tod eines Kindes die lebenden Kinder plötzlich viel zu kurz, erleben Verzweiflung, Wut und Hilflosigkeit. Sie müssen oft zusätzlich lernen, mit einer völlig veränderten Familienstruktur umzugehen.

Bei Familie Sommer bestimmte Stefans Krankheit den Familienalltag. Frau Sommer kümmerte sich fast ganztägig um Stefan, anfangs nur am Tag, später auch in der Nacht. Für seine Schwester Sylvie blieb nur wenig Platz und Aufmerksamkeit der Eltern übrig. Zunehmend geriet Sylvie zum Schattenkind. Gleichzeitig musste sie selbst lernen, mit dem baldigen Tod ihres Bruders, mit ihren Ängsten und ihrer Trauer umzugehen.

Bei Familie Richter gab es neben der durch Suizid verstorbenen Tochter noch den 14-jährigen Sohn, der neben dem Verlust seiner Schwester zusätzlich die sich anbahnende Trennung der Eltern verarbeiten musste.

Eine allgemeingültige Aussage, wie Geschwister mit Trauer umgehen, kann nicht getroffen werden. Ihre Trauer ist ebenso individuell wie bei Erwachsenen, dabei hat das Alter des Kindes eine hohe Bedeutung.

Darüber hinaus sind die Vorstellungen vom Tod davon abhängig, welche Erfahrungen das Kind bereits gemacht, welche Erzählungen es gehört, welche Bücher es gelesen und welche Filme es gesehen hat. Auch der individuelle Entwicklungsstand sowie soziale und gesellschaftliche Normen haben einen Einfluss.

Kinder im Vorschulalter wissen zwar, dass es so etwas wie den Tod gibt, haben aber noch keine Vorstellung davon, was dies genau bedeutet – dass der Tod absolut ist und die verstorbene Person nicht zurückkehrt. Teilweise kommt die Sorge hinzu, dass die eigenen Gedanken dazu geführt haben könnten, dass die Schwester oder der Bruder verstorben ist. Dies ist darauf zurückzuführen, dass sich Kinder etwa bis zum siebten Lebensjahr als Zentrum der Welt begreifen und ihren Gedanken und eigenen Vorstellungen somit einen Einfluss auf ihr

Umfeld zuschreiben. Sollte Ihr Kind sich in diesem Alter befinden, nehmen Sie sich die Zeit, Ihrem Kind die Schuldgefühle zu nehmen. Versuchen Sie, ihm einfühlsam zu erklären, was wirklich geschehen ist.

Bis zum zehnten Lebensjahr entwickeln Kinder langsam und kontinuierlich ein Verständnis dafür, dass der Tod etwas Dauerhaftes ist, von dem es keine Rückkehr ins Leben gibt. Sie verstehen, dass alle Lebewesen irgendwann einmal sterben müssen. Das Konzept von Sterben und Tod bezieht sich meistens aber noch auf ältere Personen und nicht auf sie selbst. Zudem ist ein Unfall als Todesursache leichter zu verstehen als nicht direkt sichtbare Ursachen wie beispielsweise Erkrankungen. Wir Erwachsenen empfinden es häufig als Trost, uns vorzustellen, dass unsere Liebsten sich nun an einem anderen oder besseren Ort befinden. Für Kinder gilt das aber nicht unbedingt. Was aus früheren Lebensjahren noch weiter bestehen bleibt, ist die starke kindliche Vorstellungskraft. Die Vorstellung, der Verstorbene sei wie ein allwissendes und aus dem Himmel beobachtendes Wesen, kann deshalb zu Verwirrung führen. Kinder brauchen die Sicherheit, dass ihre Fragen ehrlich beantwortet werden. Sie sollten bei entsprechenden Fragen wie »Was kommt nach dem Tod?« am besten zugeben, dass Sie nicht alles wissen. Falls Sie eine konkrete religiöse Vorstellung haben, wie das Leben nach dem Tod aussieht, können Sie diese natürlich auch vermitteln.

Jugendliche können das Konzept des Todes und die Bedeutung, die damit einhergeht, komplett erfassen. Dies bedeutet allerdings auch, dass sie sich der eigenen Sterblichkeit und der von nahestehenden Personen bewusst werden.

Wenn ein Kind die Trauer nicht richtig verarbeitet, zeigen sich ähnliche Symptome wie bei Erwachsenen: Das Kind zieht sich von Freunden und Familie zurück, bekommt Schlaf- und

Konzentrationsprobleme oder ändert das Essverhalten. Auch plötzliches Leistungsversagen in der Schule oder auffälliges Verhalten können ein Anzeichen für Probleme sein. Wut, Hoffnungslosigkeit und Ohnmachtsgefühle dem Geschehenen gegenüber kommen besonders bei älteren Kindern auf.

Erwachsene versuchen häufig, ihre Kinder vor dem Thema Tod und Sterben zu schützen. In den meisten Fällen ist das aber nicht ratsam. Versuchen Sie, möglichst offen und ehrlich in der Kommunikation mit Ihrem Kind zu sein. Unabhängig davon, wie alt Ihr Kind bei dem Verlust seines Geschwisters ist: Wenden Sie sich der individuellen Trauer Ihres Kindes zu und versuchen Sie, diese gemeinsam zu erleben. Man geht dabei von drei Aufgaben* bei der Trauerverarbeitung aus.

** Baker, Sedney & Gross 1992*

1. Verstehen, was passiert ist und was es bedeutet zu sterben. In dieser Phase ist es vor allem wichtig, dass Sie Ihrem Kind vermitteln, dass es selbst nicht akut in Gefahr ist, ebenfalls zu sterben.
2. Das Kind beginnt langsam zu verstehen, dass die Person wirklich gestorben ist und damit auch nicht wiederkehren wird. Es muss lernen, die damit einhergehenden Gefühle zu akzeptieren. In dieser Phase sind Rückblicke auf die gemeinsame Zeit mit dem verstorbenen Geschwisterkind hilfreich. Im besten Fall kann so eine gesunde und dauerhafte innere Verbindung zum verstorbenen Bruder oder zur verstorbenen Schwester hergestellt werden.
3. Das Kind hat den Tod des Geschwisterkindes für sich verarbeitet. Der Aufbau von emotionalen Beziehungen zu anderen Personen ist wieder ohne ständige Verlustangst möglich und bei aufkommenden Gefühlen und Erinnerungen an den Verstorbenen kann das Kind diese passend bewältigen.

Trotz dieses allgemeingültigen Schemas gilt für Ihr Kind das Gleiche wie für Sie: Trauer und deren Verarbeitung ist so individuell wie ein Fingerabdruck. Überlegen Sie, was in Ihrem persönlichen Fall für Ihr Kind das Richtige ist. Generell sollten Kinder möglichst in alle Schritte der Trauerarbeit integriert werden. Sich von dem verstorbenen Geschwisterkind verabschieden zu können, bei der Beerdigung und bei Ritualen dabei zu sein, kann bei der Verarbeitung des Verlusts helfen. Antworten auf eventuell aufkommende Fragen zu bekommen, ist für Ihr Kind sehr wichtig. Falls es eine Person gibt, die dem Kind nahesteht und weniger mit der Trauer zu kämpfen hat als Sie, kann es hilfreich sein, wenn diese sich dem Kind zuwendet und ihm durch die Zeit der Trauer hilft.

Die vorgestellten Erklärungen und Hilfestellungen zur Trauer von (Geschwister-)Kindern können nur einen kleinen Bereich abbilden. Es gibt Bücher, die sich allein mit der Trauer von Kindern und deren Verarbeitung beschäftigen. Sollten Sie tiefergehendes Interesse an dem Thema haben, empfehlen wir Ihnen, sich an eine Selbsthilfegruppe zu wenden oder sich professionelle Unterstützung zu suchen.

Das Traueraufgabenmodell

Wie genau sich Ihre Trauer anfühlt und wie Sie ganz persönlich mit dem Verlust Ihres Kindes umgehen, das können nur Sie sagen. Manchmal kann es aber helfen, sein Trauererleben einzuordnen, um die eigenen Gedanken, Gefühle, Körperreaktionen und das eigene Verhalten besser zu verstehen. Hierfür sollen die im Folgenden dargestellten Trauermodelle eine Orientierung geben.

Die Schweizer Psychologieprofessorin Verena Kast beschrieb 1977 vier Phasen des Trauerprozesses. In der ersten Phase nach dem Tod eines geliebten Menschen ist es eine sehr häufige Reaktion, das Geschehene nicht glauben zu können und nicht wahrhaben zu wollen. Manche Menschen ziehen sich in dieser Phase sehr zurück, andere tragen die Emotionen sehr nach außen. Auch die körperlichen Reaktionen können ganz unterschiedlich sein.

In der zweiten Trauerphase brechen Gefühle wie Wut, Traurigkeit, Angst, Ohnmacht, Unruhe oder Zorn auf. Auch Schuldgefühle können eine quälende Rolle spielen. Diese Gefühle ge-

hören zum Trauern dazu und ihr bewusstes Erleben kann bei der Verarbeitung der Trauer helfen. Eine Unterdrückung kann den Trauerprozess hingegen verzögern.

In der darauffolgenden, dritten Trauerphase suchen Trauernde oft nach dem verlorenen Menschen und versuchen, gemeinsam Erlebtes noch einmal aufleben zu lassen und dabei die Erinnerungen für immer zu konservieren.

Die vierte und letzte Trauerphase hält die Erkenntnis bereit, dass das Leben weitergeht. Der Trauernde übernimmt wieder Verantwortung für die Gestaltung seines eigenen, zukünftigen Lebens. Und die Verbindung zum Verstorbenen ändert sich: Die Person lebt zwar in Erinnerungen und Gedanken weiter, doch der Trauernde kann loslassen und den Verlust akzeptieren.

In dem Fallbeispiel von Frank und Claudia Richter und deren Tochter Christina, die sich selbst das Leben nimmt, wird deutlich, wie Herr Richter die Nachricht zunächst emotional gar nicht verarbeiten kann und wahrhaben will. Er ist zwar physisch, aber nicht geistig anwesend (Phase 1). Bald folgen viele Fragen und Gedanken (»Wieso hat unsere Tochter das getan?«, »Was haben wir falsch gemacht?«) und die Emotionen wie Traurigkeit, Wut und Schuldgefühle überwältigen ihn (Phase 2). Herr Richter beginnt anschließend, die vergangenen Jahre mit der Tochter noch einmal für sich aufzuarbeiten und zu durchleben (Phase 3). Er tut dies auch mit therapeutischer Hilfe, da ihn seit dem Suizid der Tochter viele Schuldgefühle plagen. Herr Richter ist mittlerweile auf einem guten Weg, eine neue Perspektive für sich zu entwickeln und sein Leben unter Anerkennung des Verlusts zu gestalten (Phase 4). Er weiß, dass seine Tochter immer Teil seines Lebens bleiben wird. Herr Richter schafft sich bewusst Erinnerungsmomente, zum Beispiel mit Bildern seiner Tochter. Schmerz und Trauer sind nach wie vor präsent, allerdings nicht mehr ganz so überwältigend.

Aus der Erkenntnis heraus, dass Trauer ein aktiver und individueller Prozess ist, entwickelte James William Worden 1987 die Idee des Traueraufgabenmodells. Dieses geht davon aus, dass die Hinterbliebenen in ihrem Trauerprozess verschiedene Aufgaben bewältigen müssen. Die Aufgaben setzen sich daraus zusammen,

- den Verlust als Realität zu akzeptieren,
- die Vielfalt an Gefühlen und den Schmerz zu verarbeiten,
- sich an eine Welt ohne die verstorbene Person anzupassen, Veränderungen der Umwelt wahrzunehmen und zu gestalten und
- eine dauerhafte Verbindung zu der verstorbenen Person zu finden und gleichzeitig das eigene Leben weiterzuleben.

Dabei ist die Bewältigung der ersten Aufgabe unabdingbare Voraussetzung für die weiteren Aufgaben. Deren Reihenfolge kann auch abweichen.

Thomas und Hannah Schmied konnten nur wenig Zeit mit ihrer Tochter Isabella verbringen. Als der Sternenkinderfotograf im Krankenhaus Bilder der kleinen Familie aufnimmt, ist Isabella in ihren Armen noch ganz warm. Fast fühlt es sich an, als wäre alles in Ordnung – bis Isabella am nächsten Tag von einer Krankenschwester hinausgetragen wird und das Ehepaar Schmied mit der harten

Realität konfrontiert wird (Aufgabe 1). Maßlose Enttäuschung, Fassungslosigkeit und tiefste Trauer stürzen auf die beiden ein. Herr und Frau Schmied begeben sich in therapeutische Behandlung, um Unterstützung bei der Verarbeitung der vielen Emotionen, allen voran ihrer Traurigkeit, zu erhalten (Aufgabe 2). Die beiden schaffen es schließlich, den Verlust von Isabella anzunehmen und ihren Frieden damit zu schließen (Aufgabe 3 und 4). Da der Wunsch nach einem Kind weiterhin groß ist, versuchen sie weiter schwanger zu werden und Frau Schmied erträgt tapfer alle dafür notwendigen Hormonbehandlungen. Nach vielen weiteren Rückschlagen gelingt es dem Ehepaar schließlich, die Tatsache zu akzeptieren, dass sie vermutlich nie Kinder haben werden. Sie schaffen es, ihr Leben an neuen Zielen auszurichten (Aufgabe 3 und 4).

Die Traueraufgaben können dabei sowohl am Verlust orientiert sein, als auch darauf ausgelegt sein, den Alltag voranzubringen und zwischen diesen beiden Polen hin und her zu wechseln.

Beim Ehepaar Sommer, deren Sohn Stefan die tödliche Krebsdiagnose bekommt, wird das Schwanken zwischen den beiden Polen »verlustorientiert« und »wiederherstellungsorientiert« besonders deutlich. Frau Sommer muss sich bereits vor dem Tod ihres Sohnes mit einem großen Teil ihrer Trauer, Angst und Wut auseinandersetzen. Gleichzeitig versucht sie, sich den Veränderungen im Leben immer aufs Neue souverän zu stellen.

Wie Sie es schaffen, Ihre ganz persönlichen Aufgaben der Trauer und Ihren Verlust zu bewältigen, zeigen wir in den folgenden Kapiteln auf.

Selbsthilfe

In diesem Ratgeber sollten Sie einige hilfreiche Ansätze zur Selbsthilfe finden. Schon das Lesen der beschriebenen Trauerreaktionen kann entlasten und dabei helfen, das Wechselbad der Gefühle, die vielen durcheinanderlaufenden Gedanken und das eigene Verhalten sowie das des Partners, der Geschwisterkinder und das von Familie und Freunden besser einzuordnen.

Bei komplizierten Trauerverläufen kann es eine erste Hilfe zur Selbsthilfe sein, an einem Online-Verhaltenstherapieprogramm teilzunehmen. In der Praxis hat sich gezeigt, dass solche Programme für viele Eltern eine Hilfe waren. Informieren Sie sich am besten bei Ihrer Krankenkasse, ob diese ein entsprechendes Online-Programm unterstützt – häufig müssen Sie die Kosten nicht selber tragen. Ein weiterer Vorteil ist, dass Sie auf diese Weise nur an Programmen teilnehmen, deren Wirksamkeit wissenschaftlich nachgewiesen wurde.

Die beste Hilfe zur Selbsthilfe bieten jedoch Selbsthilfegruppen. Falls Sie sich Unterstützung für trauernde Geschwisterkinder wünschen, wäre eine Trauergruppe für Kinder zum Beispiel eine Möglichkeit.

Vielleicht haben Sie vor dem Verlust Ihres Kindes bereits andere Schicksalsschläge erlebt. Fragen Sie sich: Was hat mir in der Vergangenheit beim Umgang mit schwierigen Situationen geholfen?

Versuchen Sie außerdem, Aktivitäten einzuplanen, die Ihnen guttun und Sie für eine gewisse Zeit auf andere Gedanken bringen – selbst wenn diese erst einmal gar keine oder weniger Freude machen. Die Trauer legt sich meistens wie ein dunkler Schleier vor die Augen und färbt alle Gedanken und Erlebnisse grau. Leider verschwindet diese Trübung meistens nicht von

allein. Wenn wir uns bereit dazu fühlen, müssen wir trainieren, um die positiven und schönen Erlebnisse des Tages wieder wahrzunehmen.

Nehmen Sie sich abends einen Moment Zeit und überlegen Sie, welche Dinge an diesem Tag schön waren oder wofür Sie dankbar sind. Das kann zum Beispiel ein schöner Sonnenuntergang oder die aufbauende Nachricht eines Freundes sein. Wenn Sie mögen, schreiben Sie diese Dinge auf – das macht die Übung noch wirkungsvoller. Zudem können Sie auf diese Weise am Ende der Woche noch einmal die Erlebnisse reflektieren und einen kurzen Blick durch den grauen Schleier der Trauer auf die bunten Momente des Lebens erhaschen.

Im Folgenden soll Ihnen anhand eines Beispiels verdeutlicht werden, wie sehr der trübe Schleier unsere Gedanken und Wahrnehmungen negativ verfärben und verzerren kann. Realistische Einschätzungen zu treffen, ist dann kaum noch möglich. Die Übung wird ABC-Modell genannt. Dabei steht das »A« für den Auslöser, das »B« für die Bewertung und das »C« für die Konsequenz (im Englischen consequence).

A *Sylvie, die Tochter von Herrn und Frau Sommer, berichtet zum wiederholten Mal, dass sie Kopfschmerzen hat.*

B *Frau Sommer denkt: »Oh Gott, was, wenn meine Sylvie jetzt auch einen Gehirntumor hat? Das würde ich nicht überleben! Immer muss es uns treffen. Das ist alles so schrecklich!«*

C *Frau Sommer verspürt Angst und Panik. Sie fährt ihre Tochter sofort ins Krankenhaus und redet so lange auf die Ärzte ein, bis diese eine MRT machen. Frau Sommers Angst lässt erst nach, nachdem sie von den Ärzten Entwarnung bekommen hat.*

Und nun ein Beispiel, für eine alternative, realistischere und hilfreichere Bewertung der Situation:

A *Sylvie berichtet zum wiederholten Mal, dass sie Kopfschmerzen hat.*

B *Frau Sommer denkt: »Nachdem, was Stefan passiert ist, mache ich mir Sorgen, dass es bei Sylvie ähnlich sein könnte. Das ist natürlich sehr unwahrscheinlich. Stefan hatte ja auch gar keine Kopfschmerzen, sondern ganz andere Symptome. Ich sollte trotzdem sicherheitshalber einen Arzttermin für Sylvie ausmachen, damit das abgeklärt wird.«*

C *Frau Sommer verspürt leichte Sorge und macht einen Termin beim Arzt. Anschließend konzentriert sie sich wieder auf ihre Alltagspflichten.*

Wenn Sie bemerken, dass die Trauer Ihre Gedanken verzerrt und verfärbt, dann können Sie einmal probieren, ein ABC-Modell aufzuschreiben. Das Ziel ist dabei nicht, unrealistische und übermäßig positive Gedanken zu entwickeln, sondern Verzerrungen entgegenzuwirken. Sie können sich unterstützend auch fragen: Was würde mein Partner oder ein guter Freund in dieser Situation sagen? Wie würde er das Ganze einschätzen? Dieser Perspektivwechsel kann dabei helfen, eigene Verzerrungen zu erkennen.

Wenn Sie merken, dass Sie bestimmte Situationen und Orte momentan meiden, diese aber irgendwann wieder aufsuchen wollen oder müssen, dann versuchen Sie, sich schrittweise damit zu konfrontieren. Fordern, aber überfordern Sie sich nicht. Lassen Sie sich die Zeit, den Schmerz, den die Konfrontation möglicherweise auslöst, zu verarbeiten.

Nach dem Verlust eines Kindes kommt es häufig vor, dass man sich selbst etwas vernachlässigt. Die Gedanken sind ganz wo anders. Alles, was sonst selbstverständlich scheint – zum Beispiel eine warme Dusche, eine saubere Wohnung oder ein leckeres Essen – wird unwichtig. Versuchen Sie, Ihrem Körper wieder etwas Zuneigung entgegenzubringen. Vielleicht gönnen Sie sich ein warmes Bad oder eine Massage. Oder sie versuchen es mit etwas aktiverer Entspannung wie Yoga, Progressiver Muskelrelaxation (PMR) oder autogenem Training. Im Internet, zum Beispiel auf YouTube, finden Sie zahlreiche kostenlose Anleitungen.

Das Wichtigste ist und bleibt aber: Nehmen Sie sich Zeit und geben Sie sich den Raum zu trauern. Versuchen Sie zu akzeptieren, dass Ihr Partner vielleicht ganz anders trauert als Sie – erinnern Sie sich: Es gibt kein Richtig und Falsch.

Professionelle Hilfe

Im vorigen Kapitel haben wir einige Möglichkeiten zur Selbsthilfe beim Umgang mit Trauer aufgezeigt. Es ist jedoch ganz normal, wenn Sie nicht alle Tipps oder diese nicht sofort umsetzen können oder wollen. Auch hier kommt es wieder ganz darauf an, wie lange Ihr Verlust schon her ist und wie gut Sie diesen verarbeiten konnten. Probieren Sie im Laufe der Zeit immer wieder, ob Sie den einen oder anderen Punkt für sich umsetzen können. Falls Sie merken, dass es Ihnen gar nicht gelingt, Sie sich in der Beschreibung zum Verlauf einer komplizierten Trauer wiedergefunden haben oder Sie einfach das Gefühl haben, dass Ihnen professionelle Unterstützung guttun würde, dann zögern Sie nicht, sich in einer ambulanten Psychotherapiepraxis zu melden.

Von der Station bekommen Schmieds noch die Adresse einer psychotherapeutischen Praxis, die sie alsbald aufsuchen. In den Gesprächen dort wurde klar, dass Trauer wichtig ist und Zeit braucht. Manchmal viel Zeit. Und dass jeder Mensch auf seine Weise trauert.

Gute Kliniken arbeiten mit sehr sachkundigen Psychotherapeuten zusammen. Lassen Sie sich bei Bedarf helfen, um rasch einen ambulanten Termin zu bekommen. Psychotherapie hilft – auch bei der Verarbeitung von Verlusten und dem Umgang mit Trauer. Psychologische Unterstützung kann außerdem komplizierten Trauerverläufen vorbeugen.

Herr Richter setzte sich in dieser Zeit – auch mit therapeutischer Hilfe – intensiv mit den letzten Jahren des Familienlebens auseinander.

Eine therapeutische Begleitung für die ganze Familie kann zudem für alle entlastend wirken. Als Eltern müssen Sie dann nicht alle Fragen Ihres Kindes beantworten, bleiben aber natürlich wichtigster Ansprechpartner. Auch bei Unsicherheiten können Sie sich beraten lassen. Darüber hinaus kann ein Therapeut bei der Verarbeitung Ihrer eigenen Trauer helfen und frühzeitig erkennen, falls erste Symptome darauf hindeuten, dass jemand aus der Familie Schwierigkeiten im Trauerprozess hat. Hier kann dann frühzeitig unterstützt werden.

Frau Sommer begann, Trauerbücher zu lesen, redete auch in der Uniklinik mit anderen Eltern, die in einer ähnlichen Situation waren. So fand sie den Weg zu einer Gruppe verwaister Eltern.

Im Folgenden werden einige Themen aufgezählt, die in einer Therapie gemeinsam mit Ihrem Therapeuten besprochen und erarbeitet werden können.

- Verlust anerkennen und das Leben wiederfinden
- Trauer als Prozess verstehen
- Differenzierung angemessener und unangemessener Trauer
- gesunder Umgang mit Trauer und deren Überwindung
- Rituale schaffen
- Sinnfindung, Achtsamkeit

- Inneren Kontakt zum verstorbenen Kind erhalten
- Entspannungstechniken und Atemtechniken
- Emotionsregulation (Wut, Trauer, Angst, Neid)
- Entwicklung hilfreicher Fähigkeiten für die Schwangerschaft wie eines Mantras für den Alltag
- Ressourcenorientierung (Selbstfürsorge, Reaktivierung von positiven Aktivitäten)
- körperorientierte Therapieansätze (Wut auf den eigenen Körper, sich wieder vertrauen und selbst annehmen lernen)
- Umgang mit Schuldgefühlen und Kontrollüberzeugungen, Arbeiten mit typischen Denkfehlern
- Umgang mit Partnerschaftskonflikten (gegensätzliche Trauerstile, gemeinsame Rituale, Probleme mit Kommunikation und Sexualität, drohende Trennung)
- Umgang mit Geschwisterkindern (Einbezug unmittelbar nach dem Verlust, Verstehen kindlicher Trauerverarbeitung und Verhaltensauffälligkeiten je nach Alter, Eltern-Kind-Kommunikation)
- Umgang mit Freunden und Verwandten, die möglicherweise wenig empathisch sind
- Konfliktpunkte mit Familienmitgliedern wie den Großeltern
- Rückkehr ins Arbeitsleben nach dem Verlust, Kommunikation und Verhalten am Arbeitsplatz
- Präventive Mutter-Kind-Kuren, eventuell stationäre Behandlung und Medikamente in Erwägung ziehen

Kapitel 3

Mitgefühl, Unsicherheit oder Neugier – vom Umgang mit Familie, Freunden und Bekannten

Du gibst nicht auf, wenn du um Hilfe bittest.
Du weigerst dich, aufzugeben.

Charlie Mackesy

Kein Mensch lebt nur allein und völlig isoliert vor sich hin, sondern ist Teil verschiedener sozialer Systeme. Jeder ist das Kind seiner Eltern und das Enkelkind seiner Großeltern. Die meisten sind außerdem Nichte oder Neffe, Bruder oder Schwester, Onkel oder Tante. Wir sind Bürger unseres Landes, Wähler, Steuerzahler, Sozialversicherte, Rentner oder gehören zur arbeitenden Bevölkerung. Im Supermarkt sind wir Käufer, in der Firma Kollegen, bei der Tageszeitung Abonnenten. Wir sind Fluggäste, Bahnreisende, Rucksacktouristen. Wir stehen ständig in Kontakt mit anderen Menschen. Die meisten von ihnen sind uns persönlich jedoch gleichgültig, weil wir im Grunde nur deren Funktion wahrnehmen. Wir sind an einem engeren Kontakt nicht interessiert.

Anderen Menschen stehen wir näher oder sehr nah: Wir haben langjährige Arbeitskollegen und Nachbarn, Freunde im Chor oder im Verein. Wir sind Ehepartner, Eltern, Vertraute, gute Freunde. Manche Beziehungen sind über Jahre oder Jahrzehnte gewachsen, haben schwierigste Zeiten überdauert und geholfen, Krisen durchzuhalten, zu reifen und zu wachsen. Wir haben uns gegenseitig unterstützt und teilen weitgehend unsere Wertvorstellungen und Normen. Wir haben Vertrauen zueinander und eine enge persönliche Beziehung.

Zu anderen Menschen gehen wir bewusst auf Distanz, weil uns bestimmte Eigenschaften stören oder wir von ihnen enttäuscht wurden.

Bei unseren persönlichen Beziehungen unterscheiden wir nach Nähe und Vertrauen. Im zwischenmenschlichen Bereich ist die emotionale Beziehung von großer Bedeutung. Im Job sortieren wir unsere Beziehungen eher nach dem Leistungsgedanken. Und wir differenzieren nach Sympathie und Antipathie: Von Menschen, die uns nicht vertrauenswürdig erscheinen, distanzieren wir uns. Wenn jemand immer schlecht über einen anderen redet, wenn derjenige nicht dabei ist, können wir mit großer Sicherheit davon ausgehen, dass er über uns genauso spricht. Größte Vorsicht und Distanz sind angezeigt. Wer freundlich und unterstützend mit anderen Menschen umgeht, ist auf jeden Fall vertrauenswürdiger.

Wer ist es mir wert, an meinem Leben teilzuhaben?

Die entscheidende Frage ist immer, ob ein anderer Mensch es mir wert ist, ihn an meinem Leben teilhaben zu lassen und in welchem Maß dies geschehen soll. Dies ist eine Entscheidung, die ich nur für mich selbst treffen kann und muss. Niemand hat das Recht, auf die Entscheidung einzuwirken.

Unsere Selbstbestimmung ist ein fundamentales Recht. Daher ist es sinnvoll, unsere Mitmenschen verschiedenen, nach Vertrauenswürdigkeit und Nähe abgestuften Kommunikationsformen zuzuordnen. Dies sind keine festen, für immer geltende Zuordnungen, doch sie helfen im Katastrophenfall:

1. In die erste Gruppe gehören alle diejenigen, die mir besonders nahestehen, wie sehr gute Freunde und Vertraute sowie wohlwollende Verwandte. Dies sind sehr wenige, selten mehr als fünf Personen.
2. In der zweiten Kategorie finden sich die netten Bekannten, freundlichen Kollegen und angenehmen Nachbarn, die noch nie etwas Schlechtes über uns gesagt haben. Die wir freundlich grüßen, zu denen aber keine engere Bindung

entstanden ist. Diese Menschen machen den Großteil unseres sozialen Umfeldes aus. Für Gartenpartys, Straßenfeste oder um sich mal Mehl zu borgen, ist es eine angenehme Gruppe, mit der es sich in Frieden leben lässt.

3. Menschen, die ich nur als Funktionsträger wahrnehme, wie den Briefträger, die Busfahrerin oder den Verkäufer im Supermarkt, werden sich für meine Belange nicht interessieren, weil sie mich ebenfalls nur in meiner Funktion erleben – als Briefempfänger, Fahrgast oder Kunde. Hier wird es vernünftigerweise keinen Austausch über schwerwiegende emotionale Probleme geben.
4. Diejenigen, die aus Angst lieber schweigen, ehe sie etwas Falsches sagen, tauchen wahrscheinlich vollständig ab. Darunter gibt es einige Wenige, die sich anzusprechen lohnt. Das sind die Übervorsichtigen, die auf gar keinen Fall etwas falsch machen wollen und deren Angst größer ist als ihr Wunsch, jemandem in Not beizustehen.
5. Die kleinste Gruppe umfasst die Klatschmäuler, Sensationsgierigen und die Besserwisser. In Krisensituationen ist mit diesen Menschen am wenigsten anzufangen. Sie behindern unsere Trauer und helfen uns nicht, aus der schwierigen Situation herauszukommen. Schlimmstenfalls ergötzen sie sich an unserem Leid und unserer Verzweiflung.

Wie Sie auf Familie, Freunde und Bekannte reagieren

Zur 1. Gruppe: Mit denjenigen Freunden, die sich bewährt haben, können wir Freud und Leid teilen. Sie haben einen Anspruch darauf, uns beizustehen, wenn es uns besonders schlecht geht. Und andersherum: Geteiltes Leid ist halbes Leid, sagt ein Sprichwort. Mit diesen Menschen können wir reden. Sie werden auch nicht ungeduldig, wenn sich die Gespräche im Kreis drehen. Mit ihnen können wir gemeinsam schweigen, wenn die Trauer die Worte erstickt. Sie tragen und ertragen unseren Kummer, unsere heftigen Gefühlsausbrüche und Unberechenbarkeit, unsere Verzweiflung und unsere Lethargie.

Sie sind wie das Licht einer Kerze in der Finsternis: Sie beleuchten nur den nächsten Schritt, nie den gesamten Weg. Sie geben uns die Gewissheit, nicht allein zu sein und das Gefühl, einen Verbündeten zu haben. Ihnen können wir uns offenbaren mit unseren Ängsten, unserer Verzweiflung und unserem Kummer. Wir wissen, sie werden es niemals gegen uns verwenden. Sie geben Halt und Zuversicht. Diese Freunde sind es wert, Einzelheiten über die Umstände des Todes und die Katastrophe zu erfahren, sofern wir sie ihnen mitteilen wollen. Dabei ist keine Neugier zu spüren, sondern Anteilnahme. Mit ihnen entsteht Nähe und Vertrauen, vielleicht sogar Geborgenheit. Es ist sicher, dass nichts weitergetragen wird. Das gesprochene Wort bleibt vertraulich – ohne Ausnahme und jeden Zweifel.

Ein Beispiel: Sie haben gerade Ihr Kind verloren. Sie sind verzweifelt, fühlen tiefen Schmerz, Wut und haben keine Idee, wie ihr Leben jetzt weitergehen könnte. Sie rufen eine Freundin an und sagen am Ende des Telefonats, dass sie nicht mal mehr wissen, ob ihr Leben überhaupt noch einen Sinn hat. Und dass es vielleicht besser wäre, auch ihr Leben ginge bald zu Ende. Ihre Freundin lässt alles stehen und liegen, kommt zu ihnen und nimmt sich Zeit. So viele Stunden, die es braucht, bis die Tränen versiegt sind und eine neue Perspektive entsteht.

Diese Freundin hört zu, redet nicht von eigenen Sorgen oder Belanglosigkeiten. Sie ist in der Lage, Ihre Verzweiflung und tiefe Traurigkeit zu erkennen und auch auszusprechen:

»Du wirkst wirklich völlig verzweifelt und hast im Moment noch keinen Plan, wie es weitergehen könnte, oder?«

»Genau, es ist furchtbar.«

»Es fühlt sich wohl so entsetzlich an wie noch nie in deinem Leben.«

»Ja. Mit dieser Katastrophe hatte ich niemals gerechnet.«

»Ich biete dir an, dass wir – wann immer du möchtest – gemeinsam darüber nachdenken, ob es vielleicht irgendwo doch noch einen Hoffnungsschimmer geben könnte. Du kannst auf mich zählen. Und wenn uns beiden überhaupt nichts mehr einfällt, können wir ja immer noch schauen, ob sich jemand findet, dem das Thema vertraut ist. Vielleicht hat ein Seelsorger oder Psychotherapeut noch eine Idee.«

Zur 2. Gruppe: Die freundlichen Bekannten und netten Kollegen haben es sich redlich verdient, dass wir ebenfalls freundlich mit ihnen umgehen. Ihnen gegenüber offen zu sein und vom Tod des eigenen Kindes zu erzählen, ist sinnvoll und angemessen. Einzelheiten gehören hier aber nicht hin.

Frau Schmied nahm nach dem Mutterschutz ihre Arbeit wieder auf. Sie hatte beschlossen, aktiv auf ihre Kollegen zuzugehen, um bei unerwarteten Nachfragen nicht unkontrolliert in Tränen auszubrechen. »Wie ihr sicherlich wisst, ist unser Kind tot. Das ist für uns eine Katastrophe. Bitte seid so nett und habt noch etwas Geduld mit mir. 100 Prozent Leistung werde ich noch nicht wieder schaffen. Wenn ich weitgehend ins Leben zurückgefunden habe, werde ich mich auch dazu äußern. Bitte lasst dieses Thema bis dahin ruhen. Danke.«

Eine andere Formulierung könnte so lauten:

»Ich bin froh, euch wiederzusehen. Ich habe euch und meinen Job vermisst. Gerade kämpfen wir uns nach dem Tod unseres Kindes ins Leben zurück. Das ist sehr schwierig und es wird noch dauern. Ich danke euch für euer Verständnis und Mitgefühl. Und wenn ich es schaffe, werde ich zu gegebener Zeit vielleicht etwas darüber sagen können. Danke.«

Oder:

»Bitte wundert euch nicht, wenn ich mal in Tränen ausbreche. Das hat nichts mit euch zu tun, sondern mit dem Elend, das wir seit dem Tod unseres Kindes durchleiden. Ich fühle mich noch nicht stabil, möchte aber gern den nächsten Schritt zurück ins Leben gehen. Danke für eure Geduld und euer Verständnis.«

Ganz wichtig: Sie bestimmen selbst, wem Sie etwas mitteilen, wann und wieviel davon.

Zur 3. Gruppe: Hier wird es keinen Austausch geben, weil kein persönliches Interesse besteht.

Zur 4. Gruppe: Die Mitmenschen, die aus Unsicherheit heraus schweigen, agieren nach dem Prinzip, Fehler zu vermeiden. Dabei ist Nichtstun oft schlimmer als etwas zu tun, das vielleicht falsch ist. Vergleichbar ist das mit Schwerverletzten bei einem Autounfall: Wenn die Atmung aufhört, ist eine Wiederbelebung, selbst wenn sie nicht nach der neuesten, wissenschaftlich fundierten Leitlinie ausgeführt wird, besser als keine. Denn anderenfalls stirbt das Unfallopfer garantiert.

Einen Mitmenschen, der unsicher im Umgang mit den Eltern eines verstorbenen Kindes ist, können Sie direkt ansprechen.

Frau Richter fand nach dem Tod ihrer Tochter fast keinen Zugang mehr zu ihrem Bruder. Der hatte sich sehr abgekapselt und versuchte, den Kontakt zu seiner Schwester zu vermeiden. Sie kontaktierte ihn und sagte: »Dir fällt es wohl schwer, mit mir normal zu reden? Versuch es doch einfach so wie früher, auch wenn nichts mehr normal ist.«

Oder Kollegen gegenüber:

> »Es kommt mir so vor, dass Sie mir gegenüber seit dem Tod meines Kindes sehr befangen reagieren. Es ist tatsächlich manchmal extrem schwer, die passenden Worte zu finden. Aber niemand kann alles.«

Diese Worte könnten ihren unsicheren Mitmenschen eine Brücke bauen. Eine andere Möglichkeit ist, den anderen ebenso zu ignorieren. Langfristig ist das allerdings die schlechtere Lösung, weil die sozialen Kontakte so Schaden nehmen.

Zur 5. Gruppe: Menschen aus dieser Gruppe erkundigen sich aus reiner Sensationsgier nach Einzelheiten, um diese postwendend weiter zu tratschen und sich dabei wichtigzutun. Selbstverständlich werden dabei Sachinformationen mit persönlichen Vermutungen vermischt und aufgeblasen. Am schlimmsten agiert diese Gruppe in Abwesenheit derjenigen, um die es geht. Kurzum: ein ekliges und absolut unangemessenes Verhalten. Wenn ein solcher Mensch sich scheinheilig bei Ihnen nach Einzelheiten des Todes Ihres Kindes oder der damit verbundenen Umstände erkundigt, ist die beste Antwort eine Gegenfrage: »Und wofür ist das für Sie wichtig?« Noch schärfer kann eine Zurückweisung nicht formuliert werden, ohne dabei die Haltung zu verlieren.

Besserwisser kommen in solchen Situationen eher selten aus der Deckung, verhalten sich aber auf andere Weise unangemessen. Äußerungen wie »Kein Wunder, dass das Kind tot ist. Du bist ja im sechsten Monat noch Rad gefahren« lassen sich bei entsprechender mentaler Vorbereitung leicht abblocken: »Schade, dass du dich nicht in der neuen Regierung als Gesundheitsminister beworben hast. Mit deiner großartigen Sachkenntnis hättest du Deutschland wirklich vorangebracht!« Hier ist es wichtig, unsachliche Vorwürfe und Unterstellungen gar nicht erst an sich heranzulassen.

Die Lehnstuhltechnik

Eine sehr gute Methode der mentalen Vorbereitung für solche Situationen ist die sogenannte Lehnstuhltechnik. Hierfür brauchen Sie neben etwas Zeit unbedingt einen Zettel und einen Stift.

1. Stellen Sie sich die Begegnung mit einem bestimmten Menschen vor, der bei Ihnen Unsicherheit oder Unbehagen auslöst.
2. Entwerfen Sie vier bis fünf potenzielle Antworten für diese Situation, die jeweils aus maximal drei Sätzen bestehen sollte.
3. Wählen Sie die für sich beste Variante aus.
4. Versuchen Sie, diese Aussage noch zu verfeinern.
5. Lernen Sie die Sätze wie ein Schauspieler auswendig. Achten Sie dabei auch auf Gestik und Mimik.
6. Nehmen Sie sich die nächste schwierige Situation vor und wiederholen Sie die Schritte zwei bis fünf.
7. Tun Sie das so lange, bis Sie sicher sind, dass sie jede der Situationen bewältigen können.
8. Nun sind Sie für die notwendige Kommunikation mit anderen Menschen im Alltag gut vorbereitet.

Kapitel 4
Der Verlust als Realität

Es gibt Momente im Leben, da steht die Welt plötzlich still – und wenn sie sich weiterdreht, ist nichts mehr, wie es war.

Hans Böck

Wenn ein Kind gestorben ist, bleibt nichts, wie es vorher war. Wir können uns eine Familie wie ein Mobile vorstellen: Das Konstrukt besteht aus verschiedenen Figuren, die nebeneinander und übereinander angeordnet sind, die sich nahe sind oder einen größeren Abstand zueinander haben. Alle sind miteinander verbunden und das System befindet sich im Gleichgewicht. Wenn der Wind bläst, kommt Bewegung in das Mobile: Es genügt schon ein kleiner Lufthauch, damit es sich verändert. Doch schon bald findet es in seine ausbalancierte Stellung zurück. Nähe und Distanz bleiben dabei unverändert. Diese Veränderung kennen wir aus unserer eigenen Familie, vielleicht in Form einer Partnerschaft, vielleicht mit einem oder mehreren Kindern, vielleicht mit Großeltern.

Fällt aber ein Teil aus dem Mobile heraus, gerät das ganze Gefüge aus dem Gleichgewicht. Die ursprüngliche Form ist für immer verloren. Wenn wir das System wieder funktionsfähig

1
2
3

machen wollen, müssen wir ein neues Gleichgewicht finden. Möglichkeiten gibt es viele. Je mehr Menschen aber in den Prozess der Neuorientierung involviert sind, desto höher ist die Anzahl verschiedener Möglichkeiten.

Soll möglichst rasch ein neues Gleichgewicht gefunden werden, ist es zwingend notwendig, dass sich alle Beteiligten auf eine gemeinsame Idee einigen. Das geht aber nur, wenn sie sich darüber austauschen, wie sie ihr gemeinsames Ziel, eine neue Balance zu finden, erreichen können. Eine unabdingbare Voraussetzung dafür ist, miteinander zu reden und eine gemeinsame Lösung zu suchen.

Während eines Workshops haben wir das Mobile-Beispiel mit fünf Kollegen durchgespielt: Sie hatten die Aufgabe, das aus dem Gleichgewicht geratene Mobile, bei dem eine Figur fehlte, neu anzuordnen. Sie durften dabei aber nicht miteinander sprechen. Es gelang ihnen nicht. Die zweite Gruppe hingegen durfte miteinander reden. Sie entwarfen recht zügig ein neues Modell, das Gleichgewicht war wieder hergestellt.

Frank und Claudia Richter haben das nicht geschafft. Der Austausch miteinander war schon seit langer Zeit minimal und hatte sich auf die Klärung lebenspraktischer Dinge reduziert: Wer kauft was ein, wer kümmert sich um die Steuer und wer besorgt die Blumen zu Opas Geburtstag. Ein wirkliches Miteinander gab es schon lange nicht mehr – und das Nebeneinander reichte nicht, um in der existenziellen Krise eine gemeinsame Lösung zu finden. Beide waren mit sich und ihrer eigenen Trauer zu sehr beschäftigt.

Thomas und Hannah Schmied sind in der Zeit nach der Katastrophe noch näher zusammengerückt. Sie haben nächtelang miteinander geweint, sich in den Armen gehalten, wenn es keine Worte mehr zu wechseln gab, und sich unterstützt, wo sie nur konnten. Sie haben in vielen Gesprächen miteinander und mit anderen nach Ideen gesucht, um ihr Modell des Mobiles ohne eigene Kinder zu gestalten. Und sie haben sich gegenseitig getröstet. Dies hat ihre Beziehung gefestigt. Sie haben die Erfahrung gemacht, dass sich der eine bedingungslos auf den anderen verlassen kann – eine Erfahrung, die von unschätzbarem Wert für eine dauerhafte Bindung ist.

Das Zurechtfinden in der Gegenwart

Wenn Eltern um ihr Kind trauern, sind immer verschiedene Bereiche betroffen: das Fühlen, das Denken, die körperliche Befindlichkeit und das Handeln. Dafür gibt es viele umgangssprachliche Bezeichnungen: »Es ist mir auf den Magen geschlagen.« »Er ist krank vor Kummer.« »Sie ist in ein tiefes Loch gefallen.« »Die beiden sind von Kummer zerfressen.« »Sie sieht aus wie das Leiden Christi.« »Ihm hat es den Boden unter den Füßen weggerissen.«

Die Form und Stärke der Trauer ist von Mensch zu Mensch sehr verschieden. Es ist nicht unnormal, wenn jemand kaum merklich trauert. Bei anderen Trauernden kann sich hingegen eine starke Sehnsucht nach dem Verstorbenen entwickeln, sie denken ständig und in jeder Situation an den Verstorbenen. Selbst nachts erscheinen immer wieder Bilder und Erinnerungen. Schlafstörungen, schmerzhafte Trauer, Mattigkeit und fehlender Antrieb können die Folge sein. Auch ein Gefühl von Leere und die Überzeugung, das eigene Leben sei sinnlos, kann entstehen.

Dabei ist häufig der Rückzug aus sozialen Kontakten zu beobachten. Orte und Personen, die sehr an den Verstorbenen erinnern, werden gemieden. Auf der anderen Seite können sich Rituale wie der tägliche Gang zum Friedhof oder das überlange

Verweilen am Grab entwickeln, die ebenfalls das Zurechtfinden in der Gegenwart behindern. Oft wird der Sinn des eigenen Lebens in Frage gestellt: Was ist mein Leben ohne den Verstorbenen wert? Lohnt es sich noch, selbst weiterzuleben? Plötzlich stellt sich die Sinnfrage des Daseins auf ganz akute Weise. Und die Antwort fällt in einer Krisensituation noch schwieriger als sonst. Wer sich in einer solchen Endlosschleife des Grübelns und der nicht beantwortbaren Warum-Frage verliert, wird kaum einen Weg in die Zukunft finden – auch wenn er sich diese Frage 100- oder 200-mal am Tag stellt.

Manchmal entsteht das Gefühl, wie in einem Nebelschleier zu existieren. Versucht man, diesen Schleier wegzureißen, greifen die Hände aber immer ins Leere.

Es ist wirklich schwierig, in Demut eine Wahrheit hinzunehmen, die wir uns so überhaupt nicht gewünscht haben. Die Wirklichkeit des Todes zu akzeptieren, ist aber eine unabdingbare Voraussetzung, um wieder am Leben teilhaben zu können. Wer diesen Schritt nicht geht, bleibt in seiner Verzweiflung stecken.

Manchmal ist zu beobachten, dass Trauernde versuchen, ihr Bewusstsein mit Medikamenten, übermäßigem Alkoholkonsum, der Einnahme von Drogen oder zu lauter Musik zum Schweigen zu bringen. Andere versuchen es mit exzessiven Beschäftigungen wie zwanghaftem Putzen oder dem stundenlangen Zocken an der Konsole. Oder sie vermeiden jede Form von Kontakt, entziehen sich jeder Verantwortung und begeben sich in totale Abgeschiedenheit – eine selbstgewählte

Isolationsfolter. Sie lassen keinen anderen Gedanken zu und ergeben sich ihrer Verzweiflung. Eine Lösung des Trauerproblems wird so nicht möglich.

Diese Trauer auszuhalten ist schwer. Selbst als indirekt Beteiligte haben wir damit manchmal unsere Schwierigkeiten. Es ist aber die einzige zukunftweisende Strategie.

Wie Beziehungen sich verändern

** Beiden Kollegen, die mich vor ca. 40 Jahren bei einer Fortbildung zur Klötzchentheorie erleuchtet haben, möchte ich an dieser Stelle herzlich danken. Ihre Namen kann ich nicht mehr erinnern und veröffentlicht haben sie ihre Ideen meines Wissens nicht.*

Die Klötzchentheorie* ist neben der Vorstellung, Familie als Mobile zu verstehen, eine zweite, sehr hilfreiche Idee, Veränderungen in einem System anschaulich zu machen.

Die Modellvorstellung ist wie folgt: Jeder Mensch hat Beziehungen zu anderen Menschen. Die Anzahl der engen Beziehungen ist jedoch beschränkt. Demnach hat jeder Mensch fünf »Beziehungsklötzchen«, die er bei anderen andocken kann. Hat derjenige alle seine Klötzchen verteilt, befindet sich sein System im Gleichgewicht. Das setzt voraus, dass seine Beziehungspartner ihm ihre freien Plätze zur Verfügung gestellt haben. Besonders intensive Beziehungen können durch mehrere Klötzchen dargestellt werden. Zwei Arten von Problemen lassen sich davon ableiten:

1. Ich versuche vergeblich, ein Klötzchen bei jemandem anzudocken, der es nicht möchte oder keinen Platz dafür frei hat. Also schleppe ich meines im Rucksack mit mir herum.
2. Jemand anderes will ein Klötzchen bei mir unterbringen. Ich möchte dies aber nicht und muss es abwehren.

An dieser Stelle wird schon deutlich, dass jede Veränderung innerhalb des Systems eine Verschiebung der Klötzchen nach sich zieht – bei Geburt oder Tod ist diese gravierend. Ein funktionierendes System entsteht erst wieder, wenn alle Klötzchen, welche die Beziehungen repräsentieren, so umgebaut sind, dass sie bei einem anderen Menschen angedockt sind. Das braucht Zeit, viel Zeit.

Wenn ein Kind gestorben ist, entsteht ein Vakuum. Für die Eltern zerbrechen schlagartig alle Träume, die sie für ihr Kind hatten. Die Hoffnung, bis ans Ende ihrer Tage ein gesundes, fröhliches, erfolgreiches und glückliches Kind zu haben, löst sich in Nichts auf. Je stärker die Visionen waren, desto größer ist der Schock. Der Glaube an Gerechtigkeit in der Welt oder einen gerechten Gott bekommt Risse oder zerschellt. Wieso betrifft das Unglück uns und nicht die anderen?

Wer in dieser Situation ist, braucht also einen neuen Bauplan für seine Welt. Manche Eltern versuchen, das Loch, das das verstorbene Kind hinterlassen hat, mit einem Geschwisterkind auszufüllen (in der Fachsprache: »Replacement Child Syndrom« genannt). Das geht zwangsläufig schief, immer. Menschen sind verschieden. Keiner kann einen anderen wie eine identische Kopie ersetzen.

Für verwaiste Eltern ist es wichtig, sich darüber klar zu werden, welche Rolle das verstorbene Kind in ihrem System gespielt hat oder spielen sollte und welche Funktion ihm zugeschrieben war. Im nächsten Schritt müssen sie gemeinsam überlegen, wie die Familie ohne dieses Kind aussehen und funktionieren soll. Dafür sind viele Gespräche notwendig. Unabdingbare Voraussetzung für die Neuorientierung ist, den Tod als Realität zu akzeptieren. Nur dann kann es gelingen, eine neue Struktur zu finden, in der jeder seinen Platz hat und in der die Familie gemeinsam, aber anders als bisher, miteinander leben kann.

Ulrike und Klaus Sommer haben es geschafft, nach Stefans Tod für ihre Tochter Sylvie eine andere Rolle zu finden, deren zunehmende Eigenständigkeit zu akzeptieren und mit ihrer etwas distanzierten Art ihren Frieden zu schließen. Jeder hat das getan, was ihm möglich war. Das familiäre Netz wurde nicht wieder so eng, wie es mit Stefan war. Aber es blieb stabil genug, einander den notwendigen Halt in der Katastrophe zu geben. Darüber hinaus entstand eine ausreichende Basis für das weitere Zusammenleben ohne Groll. Die Verschiedenheit von Ulrike und Klaus trat nun viel deutlicher zu Tage. Beiden war es in der Krise gelungen, ein realistischeres Bild vom anderen zu gewinnen. Auf diesem Fundament, das beide jetzt deutlicher sahen, konnten sie ein Haus für die gemeinsame Zukunft bauen, das am Ende stabiler war als ihr bisheriges.

Nach dem Tod eines Kindes gibt es nicht nur innerhalb der Partnerbeziehung oder Familie starke Veränderungen, sondern auch in den Beziehungen zu anderen Menschen. Während der ersten, schweren Trauer ist der Rückzug zunächst normal. Niemand, der den Tod seines Kindes verkraften muss, kann ein Ohr für völlig belanglose Klagen über einen verspäteten Bus oder die angebliche Unfreundlichkeit einer Verkäuferin ertragen. Nach einem solchen Verlust müssen Werte und das, was im Leben wirklich wichtig ist, neu definiert werden. Folglich wird auch die Kommunikation angepasst: Small Talk ist nicht mehr gefragt, es wird nur über wirklich wichtige Dinge gesprochen. Ein Ergebnis dieser Veränderung ist, dass Kontakte zunächst stark ausgedünnt werden. Feste wie Geburtstage, Weihnachtsfeiern oder Betriebsjubiläen werden gemieden, da sich die Gespräche meist um oberflächliche Dinge wie Essen, Trinken und Klamotten drehen – Themen, die einem gänzlich sinnlos vorkommen, wenn man gerade einen geliebten Menschen verloren hat.

Dafür werden die Kontakte zu den Menschen enger, die sich uns zuwenden, die zuhören und sich wirklich für uns interessieren. Und die auch aushalten können, dass die Gespräche immer wieder um den Verlust kreisen. Diejenigen Menschen, die nicht nur billige Ratschläge wie »Kopf hoch, das Leben geht weiter« oder »Ihr seid ja noch jung, da könnt ihr es doch nochmal mit einem Kind versuchen« erteilen, sondern die an unserem Leid Anteil nehmen, werden wichtig. Menschen, die sich selbst zurücknehmen, um der Trauer der verwaisten Eltern den notwendigen Raum zu lassen. Diese sozialen Kontakte sind in der ersten Zeit überlebenswichtig.

Am Schicksal des Ehepaars Schmied nahmen überraschend viele Menschen Anteil. Sie zeigten dies auf sehr verschiedene Weise, durch eine stille Umarmung oder mit einem Topf Suppe vor der Tür, neben dem ein Zettel mit den Worten lag: »Für euch und guten Appetit, ich wollte nicht stören«. Es gelang den Schmieds, gute Freunde von freundlichen Bekannten zu differenzieren. Sie machten die Erfahrung, dass auch bisher unscheinbare Bekannte zu unterstützenden Freunden wurden.

Einschneidende Erfahrungen führen dazu, dass soziale Kontakte neu sortiert werden. Man verzichtet auf Menschen, die vorwiegend oberflächlich kommunizieren und auf die, die sich selbst für den Mittelpunkt der Welt halten. Und diejenigen, die sich aus Unsicherheit oder Bequemlichkeit nicht gemeldet haben, werden sehr sicher für den Rest des Lebens als Freunde gestrichen. Stattdessen werden die warmherzigen und hilfsbereiten Freunde und Verwandten, auf die in der Not Verlass war, wichtiger.

Die schlimmste Form der Einmischung besteht darin, den Trauernden zu sagen, »Du musst …!« oder »Das ist doch kein Wunder, wenn du …«. Selbst wenn es noch so gut gemeint ist, solche Ratschläge bewirken bestenfalls das Gegenteil.

Wenn Außenstehende stattdessen formulieren »Habt ihr schon mal daran gedacht …« oder »Mir hat mal eine Freundin erzählt, dass ihr geholfen hat …«, besteht eine höhere Chance, Gehör zu finden. Es zeigt eine Möglichkeit auf, impliziert aber keine Vorschrift. Sich nach innen und außen eine neue Welt aufzubauen, braucht Zeit und Geduld. Wenn einem dabei ein paar Freunde zur Seite stehen, sind die Chancen sehr gut, mit diesem Prozess zu wachsen und zu reifen.

Wer ein Kind verloren hat, kann nicht wieder sofort wie vorher funktionieren. Es ist sinnvoll, der Trauer zunächst angemessenen Raum zu geben. Für Frauen ist es meist hilfreich, anderen Menschen ihr Leid zu klagen. Männer reagieren in der Regel rationaler und suchen nach einer Beschäftigung und Lösung. Männer machen eher etwas, als dass sie reden. Dieser

oft anzutreffende Unterschied führt bei Frauen häufig zu der Fehlannahme, dass ihr Partner gar nicht richtig trauere. Dabei ist es nur eine andere Form der Trauer, ein Richtig oder Falsch gibt es nicht. Wenn Sie sich diesen Umstand vergegenwärtigen, gibt es weniger Stress, dafür umso mehr gegenseitige Unterstützung. Auch wird der Prozess der Neuorientierung oft mit sehr unterschiedlicher Geschwindigkeit durchlaufen. Wer darauf beharrt, dass nur sein Weg der richtige ist und seine Form der Trauer die einzig mögliche ist, wird es bei der Neuorientierung schwer haben.

Nehmen Sie sich daher genug Zeit für sich selbst, tauschen Sie sich mit vertrauenswürden Menschen aus. Achten Sie auch auf Ihre körperlichen Bedürfnisse. Reden Sie miteinander. Verzichten Sie möglichst auf Vorwürfe und Beschuldigungen. Versuchen Sie, Ihren Alltag Stück für Stück zurückzugewinnen. Schaffen Sie sich wieder eine Routine, mit der Sie überleben können. Reflektieren Sie das System, in dem Sie bisher gelebt haben und entwickeln Sie ein neues System, das es wert ist, von Ihnen gelebt zu werden. Nehmen Sie sich Zeit mit den Menschen, die sich als wirkliche Freunde bewährt haben.

Kapitel 5

Die vergebliche Suche nach der Schuld

Die Dinge sind nie so, wie sie sind.
Sie sind immer das,
was man daraus macht.

Jean Anouilh

Für das soziale Zusammenleben ist es unabdingbar, dass wir bestimmte Regeln verinnerlichen und eine Art inneren Wächter entwickeln. Das Schuldempfinden ist dabei aber immer subjektiv. In sozialen Gruppen wie der Gesellschaft, Familie oder dem Freundeskreis gelten bestimmte Regeln. Schuld empfindet man immer dann, wenn man meint, eine Regel gebrochen oder unmoralisch gehandelt zu haben. Doch am Ende ist die eigene Moral etwas ganz Individuelles. Dies ist häufig auch der Grund, warum die eigene Familie die selbstempfundene Schuld nicht nachvollziehen kann oder man selbst das fehlende Schuldempfinden beim Partner nicht versteht.

Darüber hinaus bezieht sich das Schuldempfinden meistens nicht auf harte, juristische Fakten, sondern vielmehr auf gefühlte und nicht messbare Dinge wie Lieblosigkeit, Ungeduld,

Egoismus oder Unaufmerksamkeit. Da diese Faktoren nicht konkret überprüft werden können, ist es auch nicht möglich, jemanden, der sich Schuldvorwürfe macht, von seiner Unschuld zu überzeugen. Sie können sich nur selbst dazu entscheiden, die Schuldgefühle abzulegen und einen anderen Weg einzuschlagen.

Dies ist ein Prozess, ein Weg, der seine Zeit braucht und der manchmal anstrengend, steinig und schmerzhaft sein kann. Das folgende Kapitel soll Ihnen dabei helfen, Ihre Schuldgefühle besser zu verstehen und einen Umgang mit diesen zu finden – oder sie ablegen zu können.

Ein Sündenbock wird der Schuldfrage geopfert

Wenn man sein Kind verliert, sieht man sich mit starken, manchmal sogar überwältigenden Emotionen konfrontiert. Hilflosigkeit, das Gefühl, die Kontrolle zu verlieren, und tiefe Verzweiflung geben sich nicht selten gegenseitig den Staffelstab in die Hand und lassen einen ausgeliefert, machtlos und erschöpft zurück.

Eine vermeintliche und naheliegende Lösung, um wieder etwas Kontrolle zurückzugewinnen, ist, einen Sündenbock für die Ereignisse zu finden. Das passiert häufig automatisch und ohne, dass man lange darüber nachdenken müsste. Die Benennung eines Sündenbocks kann zunächst entlastend wirken. Dies resultiert aber vor allem daraus, dass man seine Energie und Wut nicht mehr auf sich selbst, sondern auf einen anderen Menschen projiziert, weil dieser vermeintlich einen Fehler begangen hat, der zu unserem Unglück führte. Leider löst sich hierdurch das eigentliche Problem nicht.

Den dabei ablaufenden Mechanismus kann man sich wie bei einer Spieluhr vorstellen: Das Rad wird aufgezogen, die Figuren drehen sich. Und wenn die Energie aufgebraucht ist, tritt der Ausgangszustand wieder ein. Alles war in Bewegung, aber eine nachhaltige Veränderung konnte nicht stattfinden.* Das gilt nicht nur, wenn der Sündenbock im Umfeld gesucht wird, sondern auch, wenn sich die Gefühle gegen einen selbst richten. Wir empfinden Schuld, nehmen an, wir hätten die Dinge verhindern können, es früher wissen oder die Zeichen erkennen müssen.

* *Paul 2016*

Nach dem Suizid seiner Tochter quält sich Herr Richter lange Zeit mit dem Gedanken, was er vermeintlich hätte wissen können und anders machen sollen. Irgendwann erkennt er, dass er zu jeder Zeit sein Bestes gegeben und so gehandelt hat, wie er es damals für richtig gehalten hatte. Sein heutiges Wissen hatte er noch nicht und konnte es bei seinen Entscheidungen auch nicht mit einbeziehen.

Was ist Ihre Einschätzung zu der Situation? Hatte die Tochter von Herrn Richter praktisch keine andere Wahl als sich umzubringen? Trifft Herrn Richter die Schuld für den Suizid seiner Tochter? Hat er sie unwissentlich zum Suizid getrieben?

Und dann überlegen Sie einmal, wie oft Sie schon im Nachhinein gedacht haben »Ich hätte es wissen müssen!« und fragen sich: Hätte ich es wirklich wissen können? Waren die Hinweise wirklich so eindeutig? Wie oft hatte ich eine Vermutung, die sich dann doch nicht bestätigt hat?

Vermutlich lesen Sie dieses Buch, weil Sie selbst einen persönlichen Schicksalsschlag erlebt haben. Bitte stellen Sie sich folgende Fragen:

1. Warum haben Sie sich damals so und nicht anders verhalten?
2. Was hat es Ihnen damals schwer gemacht, sich anders zu verhalten?
3. Hatte Ihr Verhalten damals möglicherweise auch positive Seiten?
4. Welche anderen Faktoren haben beeinflusst, wie Sie sich verhalten haben?
5. Wie viel Einfluss hatten Sie wirklich auf das, was passiert ist?

Leider ist die Redewendung »im Nachhinein ist man immer schlauer« sehr richtig. Zu wissen, wie ein Ereignis ausgeht, beeinflusst sogar unsere Erinnerung daran (der sogenannte Rückschaufehler). Dies führt dazu, dass wir unsere eigenen Einflussmöglichkeiten auf den Verlauf der Ereignisse überschätzen und uns häufig in der quälenden und nicht zu beantwortenden Frage verstricken, warum wir nicht anders gehandelt haben.

Ist es Ihnen schon einmal passiert, dass Sie eine neue Information erhalten haben und Ihre Erinnerungen plötzlich in einem ganz neuen Licht erschienen sind? Falls Ihnen keine solche Situation einfällt, stellen Sie sich einmal vor, Sie würden herausfinden, dass ihr Partner Sie betrogen hat. Sicherlich würden Ihnen auf einmal zahlreiche Verdachtsmomente und Hinweise einfallen. Sie denken sich: »Ich hätte es wissen müssen, es war so eindeutig!« Aber war es das wirklich?

Wenn sich die Frage nach der Schuld im Kreis dreht

Unabhängig davon, zu welchem Ergebnis Sie mit Ihren vorherigen Überlegungen kommen, verfolgen Sie bitte einmal folgenden Gedanken: Wie oft hat die Frage danach, ob Sie es nicht hätten kommen sehen müssen oder wer Schuld an einem Ereignis hat, dabei geholfen, den empfundenen Schmerz zu überwinden?

Schuld kann manchmal den Eindruck vermitteln, man habe noch eine Verbindung zu dem Verstorbenen – vielleicht auch, dass man sich in irgendeiner Weise noch weiter für ihn einsetzen müsse, um eine vermeintliche Schuld wiedergutzumachen. Nachdem die Spieluhr aufgehört hat, sich zu drehen, muss man erkennen, dass man wieder am Anfang steht. Und das mit einem erneuten Gefühl der Hilflosigkeit, des Kontrollverlusts und der Verzweiflung. Die Schuldfrage hat das Unkraut der Gefühle kurzzeitig abgemäht, ohne jedoch die Wurzeln zu entfernen. Schuld zuzuschieben, sich selbst oder anderen, ist also keine langfristige Lösung.

Bei der Frage nach dem richtigen Umgang mit Schuld soll zunächst angenommen werden, dass jeder sein Bestes versucht. Es gibt Situationen, in denen die Wahl der richtigen Entscheidung relativ leichtfällt und wohl ein Großteil der Menschen intuitiv ähnlich antworten würde. Nehmen wir als Beispiel die Aussage: Es ist moralisch falsch, andere Menschen zu töten. Vermutlich würden Sie dieser Aussage zustimmen. Wie sieht die Situation aber aus, wenn ein Polizist einem Geiselnehmer gegenübersteht, welcher gewaltbereit ist und mehrere Menschen festhält? Dürfte ihn der Polizist töten? Wenn ja, warum? Wenn nein, warum nicht? Macht er sich schuldig, wenn er seine Waffe benutzt? Wäre seine Tat eine gute, indem er die Geiseln rettet, oder eine schlechte, weil er den Geiselnehmer tötet? Und was, wenn im Nachhinein herauskäme, dass der Geiselnehmer lediglich eine Schreckschusspistole dabei hatte?

Falls Sie darunter leiden, dass sich Ihnen immer wieder die Schuldfrage stellt und Sie zu keinem Ergebnis kommen, fühlen Sie sich zu folgender Aufgabe eingeladen: Fragen Sie sich zunächst: Wie viele Male möchte ich mir die Schuldfrage noch stellen, bevor ich mir ganz sicher bin, dass ich keine befriedigende Antwort finden werde? Versuchen Sie eine konkrete Zahl zu benennen, zum Beispiel 100-mal. Erstellen Sie sich dann eine Liste mit zwei Spalten. Die linke Spalte trägt die Überschrift »nachgedacht ohne Ergebnis«, die rechte Spalte »nachgedacht mit Ergebnis«. Jedes Mal, wenn sie über die Schuldfrage nachgedacht haben, machen Sie einen Strich in der entsprechenden Spalte. Wenn Sie zu einem Ergebnis kommen – sehr gut! Wenn nicht, dann werden Sie irgendwann feststellen, dass auch das 101. Mal nicht zu einer neuen Antwort führen wird und Ihnen in keiner Weise weiterhilft.

Verantwortungsübernahme verlangt keine Strafe

Dennoch gibt es Situationen, bei denen wir anerkennen müssen, dass wir einen Anteil daran haben, dass diese entstanden oder schlimmer geworden sind – oder in denen wir durch das Unterlassen einer Handlung ein Leid nicht beendet oder verhindert haben. Dies sind Situationen, in denen wir einen Teil der Verantwortung übernehmen und auch die Folgen mittragen müssen. Es bedeutet aber nicht unbedingt, dass wir schuldig sind, denn dann müssten wir über die Folgen hinaus noch eine Bestrafung akzeptieren. Wie eine angemessene Strafe aussehen kann, ist individuell oder kollektiv, zum Beispiel durch Gesetzbücher, festgelegt. Durch Wiedergutmachung kann erneut Gerechtigkeit hergestellt werden. Doch subjektive und teilweise unberechtigte Schuldzuschreibungen können zu einer langen oder nie endenden Phase der (eigenen) Bestrafung führen. Diese Selbstbestrafung kann manchmal sehr subtil sein und wird nicht unbedingt sofort bemerkt.

Fragen Sie sich einmal selbst, ob seit dem Tod Ihres Kindes folgende Situationen (häufiger) vorgekommen sind: Lehnen oder werten Sie sich ab? Gestatten Sie sich keine Freude? Gönnen Sie sich weniger oder kein gutes Essen? Brechen Sie Kontakte ab, die Ihnen eigentlich guttun? Verbieten Sie sich das Lachen oder glückliche Momente?

Es gibt auch nützliche Mechanismen zur Tilgung von Schuld, in Form der Wiedergutmachung. Das kann zum Beispiel bedeuten, sich sozial zu engagieren, andere zu unterstützen oder gemeinnützige Arbeit zu verrichten. Wenn dieser an sich positive Aktionismus allerdings aus einem Schuldgedanken heraus entstanden ist, kann er langfristig ebenfalls negative Konsequenzen haben – weil man sich überlastet und es nie genug ist, um die Schuld auszugleichen.

Nach ihrem schmerzhaften Verlust begann Frau Schmied ein Psychologiestudium. Sie wollte anderen eine Hilfe sein, weil sie selbst Hilfe erfahren hatte.

Frau Sommer fand die Kraft, sich zunehmend in der Selbsthilfegruppe zu engagieren, um nun anderen Eltern Trost zu spenden.

Beide Frauen wollten anderen Eltern in einer ähnlichen Situation beistehen und ihnen die Hilfe zuteilwerden lassen, die sie selbst erhalten und als hilfreich empfunden hatten. Die beiden konnten dadurch viel Kraft und Sinn aus dem Erlebten ziehen. Das Engagement diente in ihrem Fall nicht der Kompensation bzw. dem Abbau oder Umgang mit Schuld.

Innerer Widerstand beim Ablegen von Schuldvorwürfen

Vielleicht haben Sie beim Durchdenken der bisherigen Anregungen gemerkt, dass sich ein Widerstand in Ihnen regt, der verhindert, dass Sie die Schuldvorwürfe gegen sich oder andere ablegen können.

Manchmal haben Schuldvorwürfe nichts mit dem konkreten Bruch einer Norm oder Regel zu tun. Stattdessen sind sie ein unbewusstes Instrument unserer Psyche zur Problembewältigung, wenn keine besseren Strategien zur Verfügung stehen.

Versuchen Sie in diesem Fall, folgende Frage ehrlich zu beantworten: Welchen Nutzen haben die Schuldvorwürfe für mich? Welche Bedürfnisse erfüllen sie stellvertretend?

Darunter fällt beispielsweise das Bedürfnis mit dem Verstorbenen in Verbindung zu bleiben oder dem beschriebenen Gefühl, der Ohnmacht zu begegnen und Kontrolle zurückzugewinnen (wenn ich eine Mitschuld trage, kann ich auch verhindern, dass etwas Ähnliches noch einmal passiert). Manchmal können Schuldvorwürfe auch dazu dienen, den Druck und die starken Emotionen in Bezug auf den Verlust abzulenken.

All dies sind völlig normale und häufige Reaktionen auf den Verlust eines geliebten Menschen, die meistens zu einer kurzfristigen Entlastung oder Erleichterung führen. Allerdings führen Schuldgefühle nicht dazu, dass Ihre Bedürfnisse befriedigt und Probleme gelöst werden. Schuldvorwürfe sind letztendlich wie ein Stachel in der Wunde, der verhindert, dass wirkliche Heilung eintreten kann. Sollten Sie erkennen, dass Ihre Schuldvorwürfe eine der genannten Funktionen einnehmen, finden Sie in den folgenden Kapiteln Bewältigungsstrategien, um langfristig einen guten und heilsamen Kontakt mit Ihrem verstorbenen Kind aufrechtzuerhalten. Denn Schuldvorwürfe verlieren ihre Bedeutung als Bindungsfaktor, wenn positive Elemente wie das Gefühl von Liebe oder Dankbarkeit an ihre Stelle treten.

Herr Richter schaffte es, seine Schuldvorwürfe als Bindungsfaktor durch das Gefühl von Liebe für seine verstorbene Tochter zu ersetzen. Er trug stets ihr Foto bei sich und hängte auch eines in seiner Wohnung auf. Wenn er es heute betrachtet, ist neben der Liebe zwar weiterhin die Trauer und ein großer Schmerz vorhanden, aber kaum noch Schuld.

Möglicherweise hilft Ihnen Ihr Schuldempfinden auch dabei, eine Erklärung für die Ereignisse zu finden. Schuld behauptet einen ursächlichen Zusammenhang zwischen Geschehnissen. Diese Art des Denkens ist tief in uns verankert und macht scheinbar willkürliche und unkontrollierbare Ereignisse erklärbar. In unserem Denken folgt auf Schuld Strafe. Anzuerkennen, dass Unglück nicht die Folge von Schuld ist, bedeutet anzuerkennen, dass es keine Möglichkeit gibt, sich durch gutes, gottgefälliges oder moralisch korrektes Verhalten vor Unglück zu schützen. Diese Erkenntnis kann sehr verunsichern und Angst machen – aber auch eine große Last von den Schultern nehmen, wenn man selbst ein Unglück erlitten hat.

Was uns im Leben passiert, ist immer eine Kombination aus kontrollierbaren und zufälligen Faktoren.

Drehen wir den Spieß einmal um: Haben Sie es schon einmal geschafft, sich durch ein bestimmtes Verhalten Glück zu verschaffen? Warum sollte es bei Unglück dann anders sein?

Kapitel 6
Anpassung an die neue Realität

Der Mensch, den wir lieben, ist nicht mehr da, wo er war, aber er ist überall, wo wir sind und seiner gedenken.

Albert Schweitzer

Wie unterschiedlich die Schockreaktionen nach dem Verlust eines geliebten Menschen ausfallen können, haben wir im ersten Kapitel beschrieben. Ganz pragmatische Anforderungen des Lebens können helfen, die erste Lähmung durch den plötzlich eingetretenen Tod zu überwinden. Da ist die Beerdigung zu organisieren, sind Freunde und Verwandte zu informieren und eine Traueranzeige aufzugeben. Gleichzeitig tragen diese Tätigkeiten dazu bei, den Verlust des geliebten Kindes zu realisieren – den Tod also nicht nur zu verstehen, sondern den Verlust mit dem ganzen Körper, Geist und Verstand zu erfassen. Dieser Prozess kann Wochen, manchmal Monate, selten auch Jahre dauern. Mal geht er vorwärts, mal zurück und mal steht er still. In Momenten, in denen wir erfassen, dass das eigene Kind tatsächlich nicht mehr lebt, zeigt sich der leere Platz. Er wird manchmal mit Tränen gewässert, manchmal wird er mit anderen Dingen zugestellt, damit er nicht so leer wirkt. Manchmal wird versucht, ihn mit einer neuen

Schwangerschaft zu füllen – dann könnten die Wünsche für das Leben mit einem Kind vielleicht doch noch realisiert werden … Manchmal laufen die Eltern vor dem leeren Platz in der Hoffnung weg, ihn nicht mehr sehen zu müssen. Und manchmal setzt sich jemand anderes darauf – ein Ersatz?

Die Welt ohne das verstorbene Kind

Greifen wir das Bild mit dem leeren Platz auf und wandeln es etwas ab. In der Psychotherapie gibt es eine Methode, die »Arbeit mit dem leeren Stuhl« heißt. Im Folgenden wird erklärt, wie diese Methode Vätern oder Müttern im Umgang mit dem leeren Platz hilft.

Der leere Stuhl steht im übertragenden Sinn für das verstorbene Kind – Christina, Stefan, Isabella. Sie können den Stuhl nicht mehr besetzen. Bei Christina und Stefan fiel der leere Platz am Tisch besonders bei den gemeinsamen Mahlzeiten auf. Bei Isabella kam das bereits angeschaffte Kinderstühlchen erst gar nicht zum Einsatz. Fällt der Blick der Eltern, Geschwister, Angehörigen darauf, ist der Schmerz vermutlich besonders groß. Der leere Platz kann eine Sogwirkung entwickeln, durch die es schwerfällt, den Blick abzuwenden. Die Gedanken wandern zu dem, was hätte sein können oder schweifen in die Vergangenheit. Dies kann durchaus tröstlich sein – gerade, wenn es zu einer Art Gedenkminute für das verstorbene Kind wird. Derjenige konnte bereits erste Traueraufgaben und Prozesse bewältigen. Wahrscheinlich steht an diesem Punkt nicht mehr der Stuhl dort, sondern es steht eine Kerze auf dem Tisch, es hängt ein Bild an der Wand oder ähnliches.

Was aber, wenn der leere Stuhl noch an seinem alten Platz steht? Dann erinnert er mich an das, was ich mit meinem verstorbenen Kind erlebt habe. Er konfrontiert mich aber auch mit dem, was ich mir für mein Kind erhofft oder gemeinsam mit ihm erträumt habe. Diese Auseinandersetzung ist Arbeit, Trauerarbeit. Sie trägt dazu bei, die entstandene Bindung zu lösen und eine neue, dauerhafte Bindung zu ermöglichen.

Wohin also mit dem leeren Stuhl? Zum Wegwerfen ist er zu schade, ihn neu zu besetzen ist nicht so einfach. Erst wenn ich mich emotional von dem Stuhl gelöst habe, fällt es leichter, etwas anderes mit ihm zu machen. Ist er emotional noch stark mit meinem verstorbenen Kind verbunden, werde ich ihn nicht so einfach austauschen können. Grundsätzlich gilt: Erinnerungsstücke sind wichtig. Sie befinden sich meist in einem Fotoalbum oder an einem Gedenkplatz. Alle »Stühle« aufzuheben, schafft jedoch keinen Raum für Neues. Das lässt Fragen aufkommen: Fühle ich mich auf Dauer umgeben von leeren Möbeln wohl? Was käme wann an einen Gedenkplatz? Und was mache ich mit dem gewonnen Raum, nachdem ich ihn freigeräumt habe? Der symbolische Stuhl könnte also wandern und sich dabei verändern. So wie es schließlich ist, wenn man wandern geht: Man kommt erschöpft, aber auch belebt und freier zurück.

Anpassen und gestalten

Habe ich also entschieden, was mit dem leeren Stuhl wird, stellt sich die Frage: Was nun? Die Stuhlarbeit kann helfen, auch diese Frage zu beantworten. Ihn einfach zu ersetzen, ist meist die weniger günstige Variante. Empfehlenswerter ist der bewusste Umgang mit ihm und dem freien Platz. Wahrscheinlich gibt es auch unter den Eltern, Geschwistern und Angehörigen unterschiedliche Vorstellungen darüber, was damit geschehen soll. Hier ist zunächst wichtig herauszufinden, was ich selbst für Ideen habe.

Was kann mir das Leben noch bieten? Was möchte ich vom Leben, wenn es mir das Kind genommen hat? Kann ich, darf ich Neues erwarten und angehen? Ja! Der Austausch darüber mit vertrauten Personen, in der Partnerschaft oder in einer Selbsthilfegruppe ist eine wichtige Möglichkeit. Zusätzlich kann der Therapeut oder die Therapeutin in einer Psychotherapie unterstützend wirken. Es gilt: »Der Weg entsteht, indem man ihn geht. Wer nicht geht, bleibt an seinem Platz. Er verändert nichts. Wenn er sich nicht dagegen wehrt, verändern ihn andere. Indem Sie sich bewegen, legen Sie einen Weg zurück. Die Richtung, in die Sie sich bewegen, bestimmt die Richtung des Weges. Die Geschwindigkeit, mit der Sie sich bewegen, und die Entfernung zum Ziel bestimmen, wann Sie dort ankommen.«*

* *Schäfer 2019: 45f.*

Die Bewegung liegt also bei den Eltern und nicht beim leeren Stuhl. Es ist ein großer Schritt, zu erkennen und anzunehmen, dass die Möglichkeit zur Veränderung bei den Hinterbliebenen liegt. Nur sie können sich der neuen Situation stellen und ihr Leben den neuen Bedingungen anpassen. Dass der Mensch dazu fähig ist, hat ihn die vielen Jahrtausende überleben lassen. Anpassung ist neben der Gestaltung ihrer Umwelt eine große Stärke der Menschheit. Was gehört dazu?

Anpassung ist – ebenso wie Trauer – ein Prozess mit sehr individueller Dauer. Es ist in der Regel ein langer und oft schmerzhafter Prozess. Die Eltern von Christina, Stefan und Isabella mussten sich in der veränderten Lebenssituation Stück für Stück zurechtfinden. Ein erster Schritt kann sein, gewohnte Tagesabläufe zu überdenken und sie neu zu gestalten. Dies kann ein Ausbrechen aus den alltäglichen Mustern ermöglichen, so dass die Gedanken nicht immer wieder um das verstorbene Kind und den leeren Stuhl kreisen. Umräumen, im wahrsten Sinn des Wortes, ist eine weitere Möglichkeit.

Auch der angesprochene Austausch mit vertrauten Personen kann eine Hilfe sein, neue Perspektiven zu entdecken. Dies führt gelegentlich zu Konflikten, denn gerade Menschen aus dem weiteren Umfeld durchleben nicht den Schmerz, den jene fühlen, die ein Kind verloren haben. Sie fühlen nicht dieselbe Traurigkeit. Es gilt anzuerkennen, dass dem so ist und auch das Verständnis dadurch begrenzt ist. Trotzdem oder gerade deshalb kann das Gespräch dazu beitragen, mehr Verständnis zu erlangen, nicht allein dazustehen. Das vertrauensvolle Gespräch trägt weiter dazu bei, den Blick vom leeren Stuhl auf das zu richten, was sich um ihn herum befindet. Dort lässt sich meist Wertvolles finden, wofür es sich lohnt, dankbar zu sein und sich einzusetzen. Aus der Erfahrung heraus kann so ein Gespräch auch äußerst kreativ sein. Es kann Erleichterung bringen, wenn man zusammen überlegt, was zum Gedenkplatz kommt und was nicht oder wann eine Art Zukunftsplanungs-Workshop stattfindet. Um inneren Frieden zu finden, ist es wichtig, Erfahrungen mit dem Verlust und dem möglichen neuen Leben zu machen. So sind neue Ideen und Perspektivem nicht nur erlaubt, sondern ausdrücklich erwünscht. Der Ehre und Würde von Christina, Stefan und Isabella tut das keinen Abbruch. Hätten sich die verstorbenen Kinder nicht gewünscht, dass es ihren Eltern gut geht?

Eines der eindrucksvollsten Beispiele, die wir in unserer jahrzehntelangen Arbeit mit Eltern verstorbener Kinder erlebt haben, ist nachfolgender Brief, den der Vater eines Sternenkindes seiner Frau im Namen ihres verstorbenen Kindes geschickt hat:

> Hallo liebe Mama,
>
> Ich wünsche dir alles Gute zum
> Geburtstag ich wäre gerne bei Dir
> um mit Dir zu Feiern :)
> aber leider kann ich nicht dabei
> sein. Deswegen Feier ich hier oben
> über Dir, denke ganz fest an Dich
> und trinke eine Milch auf Dich. Ich will
> Dir sagen das Du die liebste Mama bist.
> Mir geht es gut hier oben habe viele
> Freunde und machen Party zu
> deinem Geburtstag.
> Bitte feier diesen Tag ganz fest mit
> meinem Papa.
> Ich liebe dich Mama
> Dein Lieber Sohn
> Henry

Werte erhalten und ändern

Die mit dem Tod veränderte Wirklichkeit hat zwangsläufig zur Folge, dass sich auch das eigene Leben ändert. Damit sind wir herausgefordert, uns innerlich neu einzustellen und unser Leben neu zu gestalten. Stühle werden neu gerückt. Dies ist ein

Moment und gleichzeitig ein Prozess. Zu ihm gehören Vorstellungen, wie es war, wie es ist und wie es sein wird. Das Leben erscheint in einem neuen Zusammenhang und bleibt trotz des Verlusts eingebettet im Prozess der Veränderung.

Ebenso wie Trauer und Schmerz verändern sich nach einer existenziellen Erfahrung auch die Werte. Plötzlich ist zum Beispiel der starke Kinderwusch, die Bedeutung von einer Familie mit Kindern – nicht allein aus der Angst vor einem erneuten Verlust – nicht mehr so ausgeprägt. Dafür wächst die Bedeutung von zwischenmenschlichen Kontakten. Glaube kann verloren gehen oder stärker werden.

Es sind Momente, in denen wir uns fragen: Wozu bin ich auf dieser Welt? Was erwarte ich vom Leben? Was möchte ich in meinem Leben noch alles tun und erleben?

Herr Richter wandelte den leeren Stuhl in das Bild seiner Tochter in seiner Brieftasche.

Frau Sommer hat sich den Menschen in der Selbsthilfegruppe zugewandt und unterstützt nun diese auf ihrem Weg.

Frau Schmied wiederum hat den leeren Platz dazu genutzt, ihre Erfahrung als Mutter eines Sternkindes in die wissenschaftliche Auseinandersetzung einzubringen.

Die eigenen Werte und Überzeugungen zu hinterfragen oder neu zu definieren, ist bei Trauer ein möglicher, vielleicht sogar notwendiger Schritt. Dieser Schritt kann helfen, sich in der Welt wieder zurechtzufinden, sich neu zu entdecken und andere Wege zu gehen. Erfolgt die Anpassung an die Welt ohne das verstorbene Kind bewusst, erhöht es die Wahrscheinlichkeit von Dankbarkeit und Zufriedenheit im neuen Leben.

Kapitel 7
Eine dauerhafte Verbindung zum verstorbenen Kind herstellen

»Was machst Du heute?«,
fragte ich mein Kind im Himmel.
»Dir nahe sein. Das ist alles.«

Petra Franziska Killinger

Ein Kind – selbst wenn es als Sternenkind auf die Welt kam – wird immer das Kind seiner Eltern bleiben. Es gehört für immer zu ihrem Leben. Es bleibt Teil ihrer Trauer und Verzweiflung, aber auch ihrer Hoffnungen und Träume. Dieses Kind gehört ohne Frage zu den Menschen, die bei seinen Eltern wichtige Spuren hinterlassen.

Wer versucht, aus tiefer Verzweiflung nach dem Tod seines geliebten Kindes wieder ins Leben zurückzukehren, hat einen schwierigen und oft langen Weg vor sich. Wir möchten nachfolgend zwei Möglichkeiten beschreiben, die auf diesem Weg hilfreich und erleichternd sein können. Dazu zählen zum einen Rituale, also wiederkehrende Handlungen mit einer zumeist hohen symbolischen Bedeutung, und zum anderen Orte, an denen diesen Kindern gedacht werden kann.

Rituale als Weg der Trauerbewältigung

Der Tod als unumkehrbares Faktum bereitet den meisten Menschen Unbehagen, bei manchen löst er sogar Angst aus. Es passiert etwas, das nicht korrigierbar ist. Es ist endgültig. Und nichts, was ich gern noch gesagt oder getan hätte, ist nachholbar.

Vor einigen Jahrzehnten war es noch üblich, Totenwache zu halten, wenn jemand verstarb. Verwandte, Freunde und Nachbarn konnten dem Toten und seinen Angehörigen ihren Respekt und ihre Achtung erweisen. Auch Kinder wurden Zeugen der Vergänglichkeit und der einfachen Wahrheit, dass das Leben einen Anfang und ein Ende hat. Der Tod wurde im wahrsten Sinne des Wortes begreifbar.

Wer denkt heute noch über Vergänglichkeit nach? Die meisten Menschen tun das nur im Notfall, nämlich dann, wenn der Tod ihr Umfeld betrifft. Und es erscheint oft wichtiger, schnell wieder zu funktionieren, statt sich Zeit zum Trauern zu nehmen.

Rituale können helfen, eine solche Zäsur erträglicher zu machen. In der Menschheitsgeschichte gab es schon immer Bestattungsrituale. Sie reichen vom Vergraben der Toten, über deren Verbrennung bis hin zur Einbalsamierung und dem Errichten riesiger Monumente wie zum Beispiel der Pyramiden. Die Bestattung war stets mit einer bestimmten Zeremonie verbunden, die einen würdigen Abschied ermöglichte.

Eltern von Sternenkindern hatten lange kaum Möglichkeiten, ihrer Trauer so Ausdruck zu verleihen, wie Eltern, die ältere Kinder verloren haben. Mittlerweile ist es jedoch möglich, sein Sternenkind beerdigen zu lassen – gemeinsam mit den Sternenkindern anderer Eltern. Auch eine Einzelbestattung ist möglich. Außerdem können Eltern von Sternenkindern die Geburt ihres Kindes durch eine standesamtliche Registrierung dokumentieren lassen – und ihrem Kind damit offiziell eine Existenz geben.

Isabella Schmied wurde würdevoll im Beisein ihrer Eltern, ihrer Großeltern und einiger Freunde der Eltern mit anderen Sternenkindern beigesetzt. Für Hanna und Thomas Schmied war es ein kleiner zusätzlicher Trost, andere Sternenkinder-Eltern bei der Trauerfeier um sich zu wissen.

Die Struktur der Trauerfeiern ist dabei im Regelfall an der christlichen Tradition orientiert: Dank, Bitte und Fürbitte gehören dazu. Auch bei Beerdigungen ohne Pfarrer oder Priester sind diese Elemente zu finden. Sie ermöglichen eine Würdigung des verstorbenen Kindes, selbst wenn es bereits tot geboren wurde. Und sie zeigen die Verbindung zu den Lebenden. Bei einer solchen Trauerfeier sind Eltern, Verwandte sowie gute und verlässliche Freunde anwesend. Sternenkinder werden oft zusammen mit anderen Sternenkindern verabschiedet. Die Eltern erfahren dadurch auch, dass sie mit diesem Schicksal nicht allein sind.

So wie eine Hochzeit für die meisten Paare eine große symbolische Bedeutung für ihre Verbindung hat, ist eine Trauerfeier ein wichtiger symbolischer Akt für den Abschied – ein Ritual, das in Erinnerung bleibt und eine engere Form der inneren Verbindung schafft.

Ulrike, Klaus und Sylvie Sommer konnten von ihrem Stefan im größeren Kreis Abschied nehmen. Es kamen Verwandte, Mitschüler und sogar einige Mitarbeiter vom Krankenhaus und Hospiz, die Stefan lange Zeit betreut hatten.

Frank und Claudia Richter hatten sich entschieden, die Trauerfeier für Christina nur im kleinsten Kreis abzuhalten. Für Richters war es die richtige und angemessene Art und Weise, von ihrer Tochter Abschied zu nehmen.

Neben dem Abschiedsritual sind weitere Rituale möglich. Gedenktage wie der Geburtstag oder der Todestag können in angemessener Form begangen werden. Dabei bietet der Besuch am Grab eine Gelegenheit zur stillen Zwiesprache. Sie können Ihrem verstorbenen Kind berichten, wie leer sein Platz doch noch ist oder wie es wohl wäre, wenn es noch bei Ihnen sein würde, welche Unternehmungen schon in Vorbereitung waren und welche Ideen und Pläne Sie für die gemeinsame Zukunft hatten. Für Eltern von Sternenkindern ist es möglich, »ihren« Stern am Nachthimmel anzuschauen und dabei ihres Kindes zu gedenken.

In vielen Städten und Gemeinden gibt es zudem jährliche Trauergottesdienste, bei denen der verstorbenen Kinder in liebevoller Weise gedacht wird.

Auch verstorbene Kinder gehören zur Familie.

Gedenkorte – Andenken zur Verarbeitung der Trauer

Wie historische Berichte und Ausgrabungen bestätigen, wurden Verstorbene fast überall auf der Welt auf bestimmten Arealen beigesetzt. Wir kennen das unter dem Begriff Friedhof. Im Althochdeutschen verstand man darunter einen eingefriedeten Bereich, der zumeist um eine Kirche angelegt war. Das war über Jahrhunderte der Platz, an dem die Toten begraben und ihrer gedacht wurde. Aus diesem Grund ging man zum Friedhof. In streng religiösen Siedlungsgebieten gilt die Grabpflege als Indikator für eine angemessene Trauer – und ist nicht optional.

Doch dies ist nicht überall so. Die Zahl der anonymen Gräber nimmt zu, auch der Friedwald gewinnt an Bedeutung. In unserer Zeit der zunehmend elektronischen Kommunikation verändern sich auch die Gedenkorte. Trauerforen, Erinnerungswebseiten und digitale Trauerplätze im Internet fungieren als solche. In vielen Häusern sind zudem Fotos von den Verstorbenen aufgestellt oder als Galerie aufgehängt. Hier sind die Verstorbenen im Alltag präsent.

Herr Richter trägt seit dem Suizid seiner Tochter immer ein Foto von ihr in seiner Brieftasche. So ruft er sich die Erinnerung immer wieder ins Gedächtnis. Seine Tochter bleibt ein Teil seines Lebens. Er kann damit leben, weil er sein Bestes gegeben hat. Und er kann sich immer wieder bewusst machen, wie wichtig eine enge und vertrauensvolle Kommunikation mit anderen ist.

Manche Eltern richten sich eine Stelle ein, wo Fotos stehen, ein Fußabdruck aus Gips, ein Ultraschallbild und vielleicht eine Kerze, die ab und zu angezündet werden kann. Andere legen die Fotos und Erinnerungsstücke in einen Karton, den sie zu bestimmten Anlässen herausholen, um sich wieder besser zu erinnern. Andere Eltern wiederum verwahren diese Stücke in der hintersten Schublade auf und packen sie nur im Notfall aus. Es gilt, den eigenen, individuell passenden Umgang zu finden.

Kapitel 8
Den Blick nach vorn wagen

Der Tod beendet das Leben meines geliebten Menschen, nicht aber meine Liebe zu ihm.

Roland Kachler

Wer wir sind, wird nicht nur durch unser Erbgut bestimmt – einen wesentlichen Teil unserer Persönlichkeit machen die Erfahrungen mit anderen Menschen aus. Manche Menschen haben uns stark geprägt und hatten viel Einfluss darauf, wie wir geworden sind. Das können Personen aus unserer Familie sein, die als bemerkenswerte Vorbilder fungiert oder aber als abschreckende Beispiele gedient haben. Das können Menschen aus unserer nahen Umgebung sein oder Idole aus dem Sport, der Literatur, Künstler oder Schauspieler. Viele Begegnungen mit anderen Menschen hinterlassen bei uns Spuren, schwache oder auch sehr starke.* Wir übernehmen ihre Verhaltensmuster und Denkweisen, kopieren sie oder passen sie in unsere Muster ein. Oder wir bemühen uns nach Kräften, bestimmte Dinge genau nicht so zu tun wie andere. Um diese Spuren geht es in den folgenden Kapiteln.

* *Neimeyer 2010*

Spurensuche bei Sternenkindern

Sternenkinder hinterlassen wenig äußere Spuren. Oft, nicht immer, gibt es Ultraschallbilder, Fotos, einen Fußabdruck, die Geburtsurkunde oder eine Haarsträhne.

Beim Ehepaar Schmied war es noch etwas mehr: Sie konnten ihrer ungeborenen Tochter Isabella ein Weihnachtslied vorspielen, das Isabellas Onkel mit seinen Freunden eingesungen hatte. Dieses Lied bleibt eine bleibende Verbindung.

Wenn eine Mutter um ihr Sternenkind trauert, hat sie die Zeit der Schwangerschaft, in der ihr Kind in ihrem Körper heranwuchs, als Bezug. Der Vater konnte das ungeborene Kind nicht so intensiv erleben. Bestenfalls hat er sein Kind gespürt, wenn er seine Hände auf den Bauch der Mutter gelegt und seinem ungeborenen Kind dabei eine Geschichte erzählt hat. Vielleicht hat dieser Vater auch versucht, dem Kind von seinen Hoffnungen und Träumen und davon, was sie später gemeinsam alles tun könnten, zu berichten. Im Gegensatz zu den werdenden Müttern sind es jedoch eher kurze Zeitabschnitte. Vielleicht ist der Bezug der Väter zu ihren Sternenkindern auch deshalb oft etwas schwächer und ihre Trauer anders als die der Mütter.

Über bleibende Erfahrungen verfügen aber beide Elternteile. Dies betrifft die Ebenen des Denkens und Fühlens, die des Verhaltens, der Emotionalität und die der Werte und Normen. Es bleiben viele Gedanken an die Zeit, in der alles unternommen wurde, um die Schwangerschaft endlich in Gang zu bringen. Und an die Zeit des Glückes (»Es hat geklappt! Der Test ist positiv!«). Es war eine emotionale Hochphase: Das Ungeborene rückte in den Mittelpunkt des gemeinsamen Denkens und Handelns. Eigene Bedürfnisse wurden zurückgestellt, übliche

Abläufe geändert und Alkohol und Zigaretten vermieden. Es wurden Bilder des ewigen Familienglückes entworfen, in denen Schwierigkeiten oder Konflikte nicht vorkamen. Die Fürsorge für das Ungeborene rückte zunehmend in den Mittelpunkt allen Tuns. Es sollte dem Kind doch an nichts fehlen. Das war nicht immer einfach, da auch Einschränkung und Verzicht dazu gehörten. Es gab jedoch das große Ziel: die glückliche Familie.

Hier finden wir Spuren, die das Sternenkind hinterlassen hat: Wir sind fähig, eigene Interessen zurückzustellen. Wir können uns einschränken. Wir entwickeln ein ungeahntes Maß an Fürsorge. Unser Lebensmittelpunkt kann sich verschieben, auch unsere Partnerbeziehung kann sich verändern. Vielleicht bekam der Partner nicht mehr die übliche uneingeschränkte Aufmerksamkeit und Zuwendung. Wir nehmen diese Verschiebungen wahr, wundern uns vielleicht zunächst nur. Wir denken plötzlich in anderen Dimensionen.

Folgeschwangerschaften

Nach der Geburt von Sternenkindern versuchen viele Frauen, noch einmal schwanger zu werden. Obwohl diese Kinder ihre Schwester oder ihren Bruder nie kennenlernen durften, haben diese oft noch einen großen Einfluss auf ihr Leben. Manchmal bekommt das neue Kind sogar den gleichen Namen wie das verstorbene. Hier besteht die Gefahr der Entwicklung eines Replacement-Child-Syndroms. Das bedeutet, dass das Folgekind die Rolle des verstorbenen Kindes einnehmen und genauso sein soll.

In vielen Fällen ist den Eltern aber gar nicht bewusst, dass das neue Kind nicht als eigenes Individuum, sondern als Ersatz für das verstorbene Kind gesehen wird. Es besteht das Risiko, dass die Eltern Probleme haben, eine gute Bindung zum Kind aufzubauen. Mütter mit Verlusterfahrungen berichten, bezüglich des Schrei-, Ess- und Schlafverhaltens mehr Probleme mit dem Nachfolgekind zu haben. Außerdem besteht eine höhere Wahrscheinlichkeit, dass die Mutter sich gegenüber dem Folgekind überbehütend verhält (»Vulnerable-Child-Syndrom«).

Das größte Risiko bei einer Folgeschwangerschaft besteht jedoch darin, dass die werdende Mutter sich aus den genannten Gründen großen Stress macht. Erheblicher Stress kann wiederum die körperlichen und hormonellen Vorgänge beeinflussen und beispielsweise zu muskulären Verspannungen, einem erhöhten Frühgeburtsrisiko oder häufigerer Übelkeit in der Schwangerschaft führen. Wenn Sie bemerken, dass Sie mit sehr viel Stresserleben in die Folgeschwangerschaft gehen, würden wir Ihnen empfehlen, sich professionelle Hilfe zu suchen. Unter anderem in ambulanten Psychotherapien können Sie einige sehr gute Techniken lernen, um Ihr Stressempfinden zu reduzieren.

Der vielen Schwierigkeiten bei einer Folgeschwangerschaft zum Trotz: Die Geburt eines Kindes nach dem Verlust eines anderen kann auch sehr heilsam für die Eltern sein. In der Regel reduziert sich nach der Geburt die elterliche Trauer und es kommt zu einer Akzeptanz des Verlusts und zur Reduktion von depressiven Anzeichen und Schuldgefühlen.

Über den sinnvollen Abstand von einer Fehl- oder Totgeburt zur nächsten Schwangerschaft gibt es sehr verschiedene Empfehlungen. Diese sind aber nur sehr begrenzt sinnvoll: Eine neue Schwangerschaft lässt sich nicht präzise planen wie ein Abendessen. Im schlimmsten Fall gibt es keine erneute Schwangerschaft. Oder eine erneute Schwangerschaft tritt ein, bevor das Sternenkind beerdigt werden konnte – beides können Katastrophen werden. Trauer lässt sich nicht verkürzen. Und die Freude über neues werdendes Leben kann sich nicht entfalten, wenn die Trauer noch nicht zu Ende ist. Es ist so, wie wenn angesäuerte Milch in heißen Kaffee geschüttet wird: Es verbindet sich nicht, sondern wird schlecht genießbar. Freude gegen Trauer lässt sich nicht ausgleichen. Es sind sehr verschiedene Empfindungen, die sich oft merkwürdig überlagern und zu erheblichen gefühlsmäßigen Irritationen führen können. Wenn es Ihnen möglich ist: Schließen Sie die Phase Ihrer Trauer ab, bevor Sie daran gehen, neues Leben zu zeugen. Ihre Freude wird wahrscheinlich größer sein.

Spurensuche bei älteren Kindern

Wenn Sie das Glück einer längeren gemeinsamen Zeit mit Ihrem Kind hatten, sind die hinterlassenen Spuren zumeist tiefer und deutlicher. Es gibt viele Dinge, die Sie gemeinsam erlebt haben. Sie haben sich miteinander gefreut, sich übereinander geärgert. Sie waren sich nah und manchmal sehr fremd. Sie haben Zuwendung gegeben und Zuwendung bekommen. Und sie haben erlebt, wie ihr Kind mit anderen Menschen umgegangen ist.

Bei Frank und Claudia Richter sind diese Spuren sehr deutlich geworden. Für beide haben die Beziehungen zu anderen Menschen einen viel höheren Stellenwert bekommen. Der Fokus hat sich verschoben von einer eher materiellen Ausrichtung auf eine, die mehr auf innere Verbindung und Anteilnahme ausgerichtet ist. Am Leben eines anderen Menschen teilzuhaben, innerlich verbunden zu sein, ist ihnen das Wichtigste geworden. Das soziale Netz bei beiden ist enger und tragfähiger geworden.

Bei Ulrike und Klaus Sommer sind es andere Spuren, die Stefan mit seinem Leben und Sterben hinterlassen hat. Frau Sommer hat die Kraft gefunden, sich in einer Selbsthilfegruppe zu engagieren, um anderen Eltern beistehen zu können. Sie hat ihre Trauer und das Wissen, das sie sich angeeignet hat, für andere kanalisiert. Sie hat das Kämpferische ihres Sohnes Stefan für sich entdeckt und konnte sich auf diese Weise weiterentwickeln. Klaus Sommer hat sich eher zurückgezogen.

Es gibt verschiedene Möglichkeiten, nach den Spuren, die Ihr Kind bei ihnen hinterlassen hat, zu suchen. Eine davon ist, ihm einen Brief zu schreiben. Eine andere ist, Tagebuch über die gemeinsame Zeit zu schreiben und die Einträge weiterzuführen, um ihr verstorbenes Kind an ihrem jetzigen Leben teilhaben zu lassen.

Wenn Sie sich für einen Brief entscheiden, können Sie mit Ihrer Perspektive auf den Tod Ihres Kindes beginnen. Schildern Sie die Todesumstände, Ihre Reaktionen, Ihre Gedanken und Gefühle. Welche Menschen waren bei Ihnen und wie haben sie sich verhalten? Wer war Ihnen nahe? Was haben Sie empfunden? Wer hat Sie liegen lassen und wer hat Sie getröstet?

Überlegen Sie, was Ihnen an Ihrem Kind besonders wichtig war. Beschreiben Sie, welche Eigenschaften Sie am meisten beeindruckt und welche Aktivitäten Sie am meisten genossen haben. An welchen Stellen haben Sie selbst davon profitiert? Wann und worauf waren Sie besonders stolz? Was davon haben Sie in Ihr eigenes Leben übernommen? Wie haben Sie Ihr Verhalten Ihrem Kind gegenüber früher eingeschätzt und wie blicken Sie nun darauf?

Dann können Sie die Gegenwart schildern, die ganz anders als geplant ist. Sie können beschreiben, wie die restlichen Familienmitglieder miteinander umgehen. Was meinen Sie, was Ihr Kind Ihnen jetzt wünscht? Für diesen Tag, dieses Jahr, für die Zukunft? Stellen Sie es sich so konkret wie möglich vor. Fügen Sie jene Dinge hinzu, von denen Sie glauben, dass Ihr Kind Sie Ihnen wünschen würde. Und nehmen Sie diese guten Wünsche ernst!

Sie können auch Ihre Träume bezüglich der Zukunft, die es jetzt nicht mehr gibt, und die Möglichkeiten, die sich jetzt neu eröffnet haben, ergänzen. Schreiben Sie über die Bereicherung, die Ihr Leben erfahren hat, weil es Ihr Kind gab. Was hat sich bezüglich Ihrer Wertvorstellungen verändert? Welche Werte sind Ihnen wichtiger geworden und welche haben an Bedeutung verloren? In welchen Bereichen Ihres Lebens hat Ihr Kind bleibende Veränderungen hinterlassen und Ihnen geholfen, sich weiterzuentwickeln? Tun Sie dies in Dankbarkeit und Demut.

Dankbarkeit – die Möglichkeit, Trauer in Hoffnung zu verwandeln

Dankbarkeit gehört zu unseren elementaren Bedürfnissen. In der Beziehung zu anderen Menschen drückt Dankbarkeit Respekt und Achtung aus, Wertschätzung und Anerkennung. Dankbarkeit ist der wichtigste Baustein für ein zufriedenes und ausgeglichenes Leben. Sie ist Voraussetzung für das persönliche Glück und eine wichtige Triebkraft, uns auf angemessene Weise weiterzuentwickeln. Dankbare Erinnerung ist wahrscheinlich die stärkste und wichtigste Kraft, Trauer und Verzweiflung zu überwinden. Dankbarkeit wurzelt oft auf dem Boden des Unglücks.*

* *Willberg 2018*

Wenn Sie möchten, können Sie folgende meditative Übung versuchen: Schließen Sie Ihre Augen und überlegen Sie, wofür Sie heute dankbar sein können. Denken Sie dabei auch an die kleinen Dinge, die Ihnen möglich sind: Sie konnten heute ohne Hilfe duschen. Sie hatten fließendes und warmes Wasser. Sie konnten Shampoo benutzen und anschließend allein die Knöpfe Ihres Hemdes schließen. Sie haben genug zu essen und ein Dach über dem Kopf. Sie können hören, sehen, riechen, schmecken. Wenn Sie darauf achten, hören Sie die Vögel singen, das Rauschen des Windes und Sie erleben, wie es Abend und Morgen wird und ein neuer Tag beginnt.

Dankbarkeit ist eine große Chance, Zukunft zu gestalten, denn mit Dankbarkeit ist immer auch Hoffnung verknüpft. Verzweiflung lähmt. Hoffnung hingegen schafft Tatkraft.

Der Blick in die Zukunft

Ihr Leben wird anders sein, ganz anders. Mit dem Verlust ergeben sich neue Chancen und Perspektiven, die Sie bisher nicht für möglich gehalten haben. Sie hatten dafür aus nachvollziehbaren Gründen keinen Blick. Es hat aber sehr viel Sinn, nach dem zunächst schwer erkennbaren Nutzen der Katastrophe zu suchen und die Frage nach dem Sinn des Lebens für sich neu zu beantworten.

Alle weiteren Versuche der Schmieds, doch noch schwanger zu werden, scheiterten. »Kinder haben zu können ist ein großes Geschenk, das uns nicht vergönnt ist«, stellte Herr Schmied fest. Und sie suchten gemeinsam nach einer veränderten Perspektive.

Herr Richter suchte sich zusätzliche Unterstützung in einer Selbsthilfegruppe für Trauernde, die einen nahestehenden Menschen durch Suizid verloren haben. Er lernte, den Schmerz und die Trauer auszuhalten, mit seinen Schuldgefühlen umzugehen (»Ich konnte alles nur so gut machen, wie ich es zu diesem Zeitpunkt wusste.

Ich habe mein Bestes gegeben, auch wenn es für Christina vielleicht zu wenig war.«) und über seine Gefühle zu sprechen. An das Grab seiner Tochter zu gehen, fällt Herrn Richter bis heute schwer. Trotz seiner Trauer versucht er, einen Weg zu finden, der für ihn funktioniert und neue Perspektiven zu entwickeln.

Bei einem nicht erfüllten Kinderwunsch oder dem Verlust eines Kindes stellt sich womöglich die Frage nach einer weiteren Schwangerschaft. Versuchen Sie, diese Frage zunächst zurückzustellen und nehmen Sie sich so viel Zeit für Ihre Trauer, wie nötig. Beim Trauern kann man sich nicht beeilen. Auch Freude kann man nicht gegen Trauer aufwiegen.

Es ist wenig sinnvoll, verbissen auf eine Schwangerschaft hinzuarbeiten. Sie nehmen sich damit etwas sehr Schönes: das Glück, körperliche Nähe genießen zu können. Selbst wenn Sie sich sehr vor einer erneuten Fehl- oder Totgeburt fürchten – die körperlichen Voraussetzungen und Chancen auf ein gesundes Kind ändern sich dadurch nicht.

Lebenszeit ist das kostbarste Gut, das wir besitzen. Es lässt sich mit nichts kaufen oder beliebig vermehren. Gehen wir sorgsam damit um. Die beste Möglichkeit dafür ist, sich jeden Morgen folgende Frage zu beantworten: Was kann ich heute tun, damit ich heute zufrieden bin?

Es gibt dabei zwei Betonungen, die von entscheidender Bedeutung sind: Was kann **ich** heute **tun**, damit ich **heute** zufrieden bin?

Wenn Sie die Antwort auf die Frage gefunden haben, können Sie aus der Gegenwart eine neue Perspektive gestalten. Ihre Zukunft beginnt heute.

Kapitel 9
Den Tod mit anderen Augen sehen

Es geschieht, dass eine kleine Seele die Erde nur streift. Ihr Ankommen und Gehen fallen in eins. Ihr kurzes Verweilen ist nicht umsonst, denn sie verändert die Erde. Sie hinterlässt Spuren in den Herzen derer, die sie erwartet haben. Mögen diese Spuren in die Zukunft führen.

Doris Kellner

In diesem Kapitel möchten wir Ihnen Ausschnitte aus Interviews vorstellen, die wir mit Menschen geführt haben, die unmittelbar vom Tod eines Kindes betroffen sind. Dies sind die Eltern unserer eingangs vorgestellten Kinder.

Wir haben auch Interviews geführt mit Menschen, die mittelbar vom Tod der Kinder betroffen sind. Diese Menschen sind aufgrund ihrer Berufe immer wieder mit dem Tod von Kindern konfrontiert und haben damit eine andere Sicht auf den Tod als die Eltern der verstorbenen Kinder. Es sind eine Kinderkrankenschwester, ein Polizist, die Oberärztin einer Entbindungsstation, ein kinderonkologisch tätiger Arzt (Strahlentherapeut), eine Klinikseelsorgerin, eine Hebamme und ein Fotograf.

Vielleicht gewinnen Sie mit diesen Interviews einen Blick auch auf andere Menschen, die sich mit dem Sterben von Kindern beschäftigen und ihr Möglichstes tun, Leid zu lindern. Jeder auf seine Weise. Gelingt Ihnen dieser Blick, sind Sie etwas weniger allein.

Hannah und Thomas Schmied – Sternenkind

»Wir haben unsere Tochter vor vier Jahren verloren. Wir haben sie in einem Grab mit anderen Sternenkindern bestatten lassen. Das war ein wichtiger Schritt im Trauerprozess. Wir sind dankbar, dass wir dabei so viel Unterstützung erfahren haben. Unsere Familien sind aus verschiedenen Ländern angereist, um für uns da zu sein. Allerdings hatten wir auch Angst, wie Freunde, Kollegen und Nachbarn reagieren. Viele haben sich um uns gekümmert. Zu manchen Freunden haben wir heute keinen Kontakt mehr, dafür kamen neue Freundschaften hinzu. Um eine Auszeit zu nehmen, sind wir im Winter nach Lappland gereist. Kurze Zeit danach haben wir wieder gearbeitet. Das gab Struktur und Halt und man hatte weniger Zeit zum Nachdenken.

Mit der Traurigkeit ist es so, dass sie in Wellen kommt. Mal geht es einem schlecht, dann dem anderen. Mit der Zeit haben sich die Abstände zwischen den Wellen verlängert. Aber der Todestag unserer Tochter, bestimmte Erinnerungen, Muttertag und Vatertag sind nach wie vor sehr schwer für uns. Wir versuchen, an diesen Tagen etwas Schönes zu machen oder wegzufahren.

Was uns geholfen hat, ist den Fokus zu verlagern. Wir haben uns darauf konzentriert, was wir jetzt machen können, weil wir kein Kind haben. Wir haben gelernt zu schätzen, was wir haben und dass wir am Leben sind. Und wie unsere Tochter uns verändert hat. Ohne sie wären wir nicht Mutter und Vater geworden. Der Verlust unserer Tochter hat sich mittlerweile in Dankbarkeit verwandelt. Durch den Verlust bleiben Narben, aber auch die gehören zu unserem Leben. Es ist wichtig, sie anzunehmen. Wir wissen, dass unsere Tochter immer bei uns sein wird. Unser Leben geht weiter, es ist nur anders.«

Ulrike Sommer – Tod des Kindes durch Krankheit

»Wir haben ein Jahr um unseren Sohn gebangt – im Juli ist er dann gestorben. Im September bin ich mit meinem Mann und unserer Tochter auf ein Trauerwochenende einer Elterninitiative gefahren. Das war für uns als Familie unheimlich hilfreich. Mit den anderen Eltern haben wir uns sofort verbunden gefühlt, weil wir den gleichen Schmerz und die gleiche Trauer erlebt haben. Andere Kinder zu treffen, die ihre Geschwister verloren haben, hat auch meiner Tochter geholfen.

Man denkt, der Schmerz muss doch irgendwann besser werden. Aber als ich nach drei Jahren immer noch in einem Loch festhing, habe ich erneut an einem Trauerwochenende teilgenommen. Das hat mir dann zurück ins Leben geholfen. Die Gespräche mit einem Psychologen waren natürlich wichtig, aber verwaiste Eltern verstehen einen auf eine ganz andere Art. Sie haben mein Schluchzen und meine Trauer ausgehalten – und wussten genau, was ich durchmache. Erst nach etwa fünf Jahren habe ich gemerkt, dass die Erinnerung an ihn nicht mehr so schmerzt. Später habe ich mich selbst in dem Verein engagiert und konnte dadurch andere Eltern unterstützen.

Auch heute, 24 Jahre nach dem Tod meines Sohnes, denke ich oft an ihn, aber nicht mehr täglich. Es gibt noch immer bestimmte Rituale, die wir abhalten. Wir feiern weiterhin seinen Geburtstag – dann gehen wir essen oder kochen sein liebstes Kindheitsgericht. Und bevor wir in den Urlaub fahren, gehen wir zu seinem Grab und zünden Kerzen an, um uns von ihm zu verabschieden. Nächstes Jahr wird sein Grab eingeebnet. Davor habe ich jetzt schon Angst, denn dann habe ich keinen Ort mehr, um ihn zu besuchen.«

Frank Richter – Tod des Kindes durch Suizid

»Ich habe es geschafft weiterzumachen. Dass ich in Therapie war, bei der ich gelernt habe, die Dinge in einen größeren Kontext einzuordnen. Das hat mir dabei sehr geholfen. So hat meine Heilung begonnen. Zusätzlich hat mir die Selbsthilfegruppe Halt gegeben. Nachdem ich einen Monat krankgeschrieben war, bin ich wieder arbeiten gegangen. Allein zuhause zu sitzen hat nichts gebracht. Zusätzlich habe ich eine Ausbildung zum Heilpraktiker für Psychotherapie angefangen, die zwei Jahre ging. Die Prüfung habe ich bestanden und kann das Wissen jetzt auf meiner Arbeit gut einbringen. Ich möchte damit anderen Menschen helfen. Aber das Thema Schuld spielte eine sehr große Rolle. Ich habe inzwischen verstanden, dass ich es immer nur so gut machen kann, wie ich es weiß. Wie lange das Thema Schuld mich dennoch immer mal wieder beschäftigen wird, weiß ich nicht.

Der Tod meiner Tochter ist jetzt vier Jahre her. Ich kann ihre Entscheidung nachvollziehen und habe inzwischen Verständnis dafür, auch wenn es von ihr sehr kurzsichtig gedacht war. Für mich ist deutlich geworden, bei wem die Verantwortung für ihre Entscheidung zum Suizid liegt – bei ihr selbst. Dafür kann niemand anderes die Verantwortung übernehmen. Ich kann aber nach dieser furchtbaren Erfahrung aufmerksamer und wohlwollender mit anderen Menschen umgehen als früher.

Was das Andenken an meine Tochter betrifft: Ich habe das Bedürfnis, mich mit anderen Menschen an sie zu erinnern. Meine Trauer hat für mich etwas Heiliges. Ich bin dankbar dafür, dass ich erkannt habe, dass Trauer auch ein Synonym für Liebe sein kann. Mir fehlt es, über sie zu sprechen. Nicht nur von ihrem Ende, sondern auch über alles, was davor war. Sie ist omnipräsent. Ich habe keine Ahnung, wie oft ich am Tag an sie erinnert werde. Aber es tut nicht mehr so weh, in meiner Erinnerung zurückzukehren. Es zerreißt mich nicht mehr so. Dieser Prozess ist noch nicht abgeschlossen. Das weiß ich. Aber ich bin schon ein großes Stück gegangen.«

Aline Andersen – Kinderkrankenschwester

»Ich bin seit 31 Jahren Kinderkrankenschwester. In meinem Beruf betreue ich Kinder vom Säuglingsalter bis zur Volljährigkeit. Manche von ihnen haben aufgrund einer Behinderung eine kurze Lebensdauer, manche versterben bei Unfällen und manche haben schwere Krankheiten, die mitunter tödlich enden. Wer selbst Kinder hat, weiß, das ist das Wertvollste auf der Welt. Diesen Schmerz, wenn ein Kind stirbt, kann man gar nicht in Worte fassen. Die Familie hat häufig bis zum letzten Atemzug Hoffnung, es fällt ihnen schwer, loszulassen. Meine Aufgabe ist es, für alle Beteiligten da zu sein, zuzuhören und Trost zu spenden.

Manchmal ist es schwierig, die Sorgen von der Arbeit nicht mit nach Hause zu nehmen. Anfangs habe ich viel über die Fälle nachgedacht, konnte nachts nicht schlafen. Durch meine langjährige Erfahrung mit dem Tod weiß ich heute, dass ich die Situation nicht ändern und das Kind nicht retten kann. Der Verlust steht ab einem gewissen Zeitpunkt einfach im Raum und ich kann ihn nicht verhindern. Diese Akzeptanz hilft mir, besser damit umzugehen.

Die Eltern, die Kinder mit einer solchen Diagnose haben, sollten obwohl diese sterbenskrank sind, noch Zeit mit ihnen verbringen. Dinge gemeinsam mit der Familie erleben oder Rituale vereinbaren, um Abschied zu nehmen, haben sich ebenfalls als hilfreich gezeigt. Bei einem tödlichen Unfall wird das Kind hingegen aus der Familie gerissen und hinterlässt einen unheimlichen Schmerz. Das geht mir manchmal sehr, sehr nah. Davor muss ich als Stationsleiterin auch mein Team schützen. Wichtig ist, dass bei einem Todesfall keiner allein bleibt.

Wenn ein Kind stirbt, ist das häufig unbegreiflich. Bei einem Erwachsenen ist der Grund vielleicht ein ungesunder Lebensstil. Bei einem Kind, das noch nicht mal richtig gelebt hat und gar nichts dafür kann, kann man es einfach nicht nachvollziehen. Das ist schrecklich. Deshalb habe ich überlegt, was ich tun kann, um der Sache einen Sinn zu geben. Meine Aufgabe ist es, die schwere Situation so angenehm wie möglich zu machen. Was dabei ungemein hilft, ist Humor. Gemeinsam zu lachen, sich an so viele dieser Momente, in denen man sich kaputtgelacht hat, zu erinnern – das ist ein Lichtblick für die Kinder und ihre Familien.«

Dirk Blazy – Erster Polizeihauptkommissar

»Wenn der Leichnam eines vermissten Kindes gefunden wird, muss erst einmal untersucht werden, ob es sich um ein Gewaltverbrechen handelt. Weil wir solche Einzelheiten anfangs nicht veröffentlichen können, werden auch die Angehörigen zuerst im Ungewissen gelassen. Die vielen offenen Fragen, mit denen sich die Angehörigen in dem Moment quälen, können nicht immer beantwortet werden. Sie wollen Gewissheit, ob es ihre Tochter oder ihr Sohn ist, und was ihnen zugestoßen ist. Dieser Spagat verlangt einem einiges ab.

Bei Suiziden müssen wir ausschließen können, dass es ein Fremdverschulden gab. In manchen Fällen wird der Leichnam deshalb für die Obduktion oder weitere Ermittlungen vorerst beschlagnahmt. Da fällt es umso schwerer, den Angehörigen, die ohnehin mit dem Verlust zu kämpfen haben, zusätzlich mit diesem eventuellen Vorwurf zu belasten. Aber es ist notwendig, damit die Ermittlungen sauber abgeschlossen werden können.

Beim Überbringen von Todesnachrichten versuchen wir immer, ein Kriseninterventionsteam oder einen Seelsorger mit ins Boot zu holen. Wenn wir gehen müssen, bleibt also jemand da. Er ist der Ansprechpartner für die Angehörigen, der wir nicht sein können, weil wir uns durch die Ermittlungsarbeit natürlich distanzieren müssen. Es ist wichtig, dass dieses besonders geschulte Personal als Gesprächspartner da ist. In der Situation brauchen die Menschen jemanden, der einfach zuhört.

Auch für uns sind das schwierige Situationen, die nachhallen. Je länger man im Beruf ist, desto deutlicher wird, dass man sich in dieser Hinsicht kein dickes Fell zulegen kann. Man muss sich der Herausforderung immer wieder aufs Neue stellen. Ich glaube, es gibt nichts Schlimmeres, als ein Kind, das früher geht als man selbst. Auf diese Situation bereitet sich niemand vor. Unser Job ist es, die Objektivität zu wahren. In unserem Inneren zerreißt es uns aber oftmals das Herz.«

Wiebke Duwe – Oberärztin und Leiterin einer Geburtsstation

»Mit Sternenkindern komme ich vor allem in Berührung, wenn die Kinder noch im Mutterleib versterben. Das kann vom Beginn der Schwangerschaft bis zum Termin um die Geburt herum passieren. Es kann sein, dass die Mutter ihr Kind schon 40 Wochen im Bauch getragen hat und in die Klinik kommt, weil sie merkt, dass es sich nicht mehr bewegt. Ganz selten, alle paar Jahre, kommt es vor, dass ein Kind um die Geburt herum verstirbt. Und dann betreuen wir auch Mütter, die eine Schwangerschaft nach der zwölften Woche aus einer medizinischen Indikation heraus abbrechen müssen. Auch diese Frauen verlieren ein Kind – selbst wenn es nur wenige Zentimeter groß ist, ist es ein Verlust, über den die Eltern trauern. Wir unterstützen sie dabei.

In den letzten Jahren hat sich das Verständnis für diese Art von Trauer zum Glück verändert. Vor 20 Jahren hat man der Trauer von Eltern bei Fehlgeburten oder Totgeburten überhaupt keinen Raum gegeben. Die Kinder wurden nach der Geburt in Tücher gewickelt und schnell aus dem Raum getragen. Die Eltern haben sie in der Regel nicht einmal gesehen – und so etwas wie Abschiedsrituale hat es gar nicht gegeben. Wenn jetzt eine Frau zu uns kommt, deren Kind vor der Geburt verstorben ist, zeigen wir viel Anteilnahme und klären sie über das medizinische Vorgehen auf. Außerdem ist es wichtig, dass die Eltern Abschied nehmen und ihr Kind nach der Geburt auf dem Arm halten können. Wir baden die Kinder zusammen, versuchen, ihnen viel Zeit zusammen zu geben. Die erste Reaktion ist häufig: Nein, ich möchte es nicht sehen, ich habe Angst davor. Im Verlauf des Aufenthalts bei uns ändert sich das, die Eltern trauen es sich dann doch zu.

Wie ein Sternenkind beerdigt wird, hängt von der rechtlichen Lage im jeweiligen Bundesland ab. Teilweise muss die Beerdigung von der Klinik organisiert werden, teilweise können das die Eltern übernehmen. Die Sternenkinder werden in einer Sammelgrabstätte beigesetzt, meistens an zwei Terminen im Jahr. Gemeinsam mit den Eltern bemalen wir die kleinen Särge aus Pappe. Für Kinder, die nur wenige Zentimeter groß geworden sind, nähen Ehrenamtliche winzige Kleidung für die Beisetzung. Ein schönes Ritual sind die zwei Herzen: Eines gibt man dem Kind mit, eines behalten die Eltern.«

Heidrun Schäfer – Klinikseelsorgerin

»Wenn Kinder versterben, bin ich meistens die erste Ansprechpartnerin in der Klinik. Am häufigsten begleite ich in meinem Arbeitsalltag die Eltern von Sternenkindern und onkologisch erkrankte Kinder mit ihren Familien. Dass ein Kind vor den Eltern stirbt, ist die Katastrophe schlechthin. Es ist völlig widernatürlich. Ich bin selbst Mutter von zwei Kindern – und seit sie damals auf die Welt kamen, wusste ich, das ist der verwundbarste Punkt in meinem Leben. Es ist das völlige Chaos.

Wichtig ist in dieser Situation, den Eltern zuzuhören und einfach da zu sein. Gerade bei Geburten von Sternenkindern ist ein sensitives Gespür erforderlich. Eltern wissen oft gar nicht, was sie erwartet. Es gibt vieles zu bedenken, weil die Momente nach der Geburt unwiederbringlich sind. Möchte ich mein Kind sehen? Welche Kleidung soll ich ihm anziehen? Sollen Fotos angefertigt werden? Die Eltern erleben die Zeit in der Klinik oft wie im Tunnel. Sie wollen so schnell wie möglich die Geburt hinter sich bringen und nach Hause. Manchmal ruft mich eine Mutter dann einige Wochen später noch einmal an, weil doch noch ein Gespräch notwendig ist. Ich möchte Mut machen, Hilfe in Anspruch zu nehmen und damit nicht zu lange zu warten. Auch wenn man Unterstützung von Familie, Freunden und Klinikpersonal hat, ist das manchmal nicht genug.

Onkologisch erkrankte Kinder und ihre Familien sind die zweite große Gruppe, die ich als Seelsorgerin betreue. Wenn ein Kind lebensbedrohlich erkrankt, sind neben den Eltern immer auch die Geschwister und Großeltern betroffen – es ist Familienarbeit. Diejenigen, die den Kampf nicht schaffen, begleiten wir über Monate, manchmal sogar über Jahre. Meistens ist ein Elternteil die ganze Zeit mit in der Klinik. Dadurch geraten Geschwister jedoch manchmal zu sogenannten Schattenkindern. In diesem Fall können wir Angebote vermitteln, damit die Geschwister in der schweren Zeit ein paar unbeschwerte Momente erleben können. Es ist wichtig, so einen Ausgleich zu haben – auch für Eltern. Es gibt Mütter, die sich nicht mehr trauen zum Friseur zu gehen, weil sie ihr krankes Kind nicht allein lassen wollen. Aber es ist wichtig, dass Eltern sich auch Zeit für sich nehmen.

Mein Beruf ist zwar schwer, aber nicht nur. An Kinder und Eltern, die ich lange begleitet habe, erinnere ich mich heute noch manchmal mit einem Lächeln zurück. Denn in jedem

Chaos ist auch etwas Schönes zu finden. Und jedes Kind, auch wenn es noch so kurz gelebt hat, hinterlässt seinen Eltern eine Botschaft.«

Susan Schröder – Hebamme

»Ich bin schon 30 Jahre Hebamme. In meiner Anfangszeit war ich im Umgang mit der Situation, dass jemand ein Kind verliert, gar nicht geschult, geradezu hilflos. Aber ich habe intuitiv den Verlust mit den Frauen durchtrauert. Teilweise durfte ich auch eine Folgeschwangerschaft mit ihnen erleben. Das war wie ein Heilungsprozess – für die Mutter, aber auch für mich.

Die Trauer über den Verlust eines Kindes sieht bei Männern und Frauen oft unterschiedlich aus. Männer machen das häufig mit sich aus – oder sprechen mit einem Freund darüber. Aber es gibt auch Frauen, die nur wenig Hilfe wollen und lieber allein trauern. Daneben spielen die Rahmenbedingungen eine große Rolle: Wenn eine Frau bereits Kinder hat und für diese weiter als Mutter funktionieren muss, dann braucht sie andere Unterstützung – zum Beispiel jemanden, der die Kinder betreut, damit sie überhaupt die Möglichkeit hat zu trauern. Ein Kind zu verlieren kann eine Partnerschaft in Schwierigkeiten bringen, etwa weil jeder für sich trauert. Es gibt auch Paare, die gar nicht über ihren Verlust reden können. Die brauchen jemanden, der einfach da ist und mit ihnen schweigt.

Diese Trauer aushalten, ist für mich schon sehr schwierig. Aber ich muss natürlich professionell damit umgehen und das Paar in den Mittelpunkt stellen. Wenn man jedoch gleichzeitig eine normale Geburt betreut und eine Trauerbegleitung macht, ist das extrem belastend. Innerlich muss man dabei schnell umschwenken können, von heiler Welt zur Trauersituation. Das ist ein ganz schöner Spagat.

Bei der Frage, welche Art der Geburt die richtige ist, sollten sich Frauen nicht drängen lassen. Manche wollen unbedingt einen Kaiserschnitt, weil sie von der Entbindung des toten Kindes so wenig wie möglich mitkriegen wollen. Ich versuche dann zu erklären, dass diese Methode auch Nachteile haben kann und rege an, ihre Entscheidung noch einmal zu überdenken – damit sie sie im Nachhinein nicht bereuen. Auch nach der Geburt sind die Paare meistens überfordert. Es ist eine schwierige Situation. Es müssen wieder Entscheidungen getroffen werden, zum Beispiel ob Erinnerungsfotos vom Kind angefertigt werden sollen. Manchmal lehnen die Paare das ab, aber wenn etwas Zeit vergangen ist und sie die Situation mit Abstand betrachten, merken sie doch, dass sie traurig sind, weil sie das Kind nicht in den Arm genommen oder Fotos gemacht haben. Deshalb werden heute immer Bilder angefertigt und in die Akte gelegt, damit die Eltern im Zweifel später darauf zugreifen können. Diese Fotos helfen, den Verlust zu akzeptieren und in dem Schmerz auch etwas Schönes zu erkennen.«

Dr. Sally Mukodzi – Strahlentherapeut

»Zum Glück sterben nur wenige Kinder an Krebs. Die meisten haben gute Heilungschancen von 93 Prozent. Kinder mit Hirntumoren betreue ich hingegen über Monate, wenn nicht Jahre – und man weiß schon, in welche Richtung es geht. Ich bin ein Mensch, der nicht gerne verliert. Aber es gibt Fälle, bei denen ich weiß, wir werden dieses Kind nicht heilen. Es ist sehr schwer, sich einzugestehen, dass alle Therapieformen versagt haben und den Übergang zur Palliativpflege vorzubereiten. Über diesen Schritt mit den Eltern zu reden fällt mir sehr schwer.

Man muss in der Lage sein zu sagen: Wir lassen los. Und dieses Loslassen tut richtig weh. Gemeinsam mit den Eltern und dem Palliativmediziner entscheiden wir, wo das Kind betreut werden soll. Manche Eltern möchten, dass ihr Kind in der letzten Zeit zu Hause ist. Dann betreuen wir es dort. Wenn sie es nicht betreuen können, bleibt es bei uns auf der Station. Um auf andere Gedanken zu kommen, gehen wir mit den Kindern bei Heimspielen manchmal ins Fußballstadion. Während dieser 90 Minuten schreien und fiebern die Kinder mit – sie vergessen dann für einen Moment ihre Krankheit.

Wir alle wissen, dass es den Tag X gibt, an dem sich das Kind verabschiedet. Wir sind vorbereitet, aber es tut natürlich weh. Wir alle weinen dann mit der Familie. Zum Glück besteht die Kinderonkologie aber nicht nur aus Onkologen – wir sind ein Team aus Sozialarbeitern, Psychologen und Seelsorgern. Und wir betreuen die Familie mit. Und manche Eltern kommen noch Jahre, nachdem das Kind gestorben ist, in die Klinik, um zu reden – sogar nach zehn, 20 Jahren.«

Oliver Wendlandt – Sternenkind-Fotograf

»Wenn ein Kind tot auf die Welt kommt, sind die Eltern emotional häufig gar nicht in der Lage, Bilder zu machen. Deshalb ist es gut, wenn wir kommen. Die Eltern oder das Klinikpersonal können uns anrufen oder über die Website www.dein-sternen kind.eu eine Anfrage stellen. Als Sternenkind-Fotografen sind wir rund um die Uhr verfügbar. Etwa 650 Ehrenamtliche sind es, die die kostenlosen Erinnerungsfotos anfertigen. Meistens fotografieren wir in der Klinik, selten bei den Eltern zuhause oder beim Bestatter.

Oftmals haben wir nur wenige Stunden, um die Fotos zu machen. Wir wissen nie, mit wem wir es zu tun haben. Manchmal ist die ganze Familie, einschließlich Geschwistern, Oma und Opa, da, weil alle an diesem besonderen Moment teilhaben wollen. Und manchmal sind es nur die Eltern, die völlig aufgelöst sind, weil sie sich in keiner Weise darauf vorbereiten konnten, dass ihr Kind bei der Geburt sterben würde. Jeder Einsatz ist anders, aber es sind immer zwei Dinge im Raum: Liebe und Trauer. Wir sind dann ganz nah dran, fotografieren häufig mit Makro-Objektiven, um auch die kleinsten Details festzuhalten. Und der Druck ist hoch – es gibt nur diese eine Gelegenheit. Oft sind das die einzigen Familienbilder, die es gibt. Deshalb sind es die wichtigsten Aufnahmen, die man als Fotograf machen kann.

Dass diese Fotos bei der Bewältigung von Trauer helfen, ist mittlerweile wissenschaftlich belegt. Erinnerungen sind für die Verarbeitung ganz wichtig. Die Bilder helfen besonders, um Geschwistern zu zeigen, dass das Kind nicht mehr da ist, aber trotzdem zur Familie gehört. Wenn man den Geschwistern nicht zeigt, warum man traurig ist, suchen sie die Schuld bei sich und machen sich Vorwürfe. Und auch für das Umfeld können solche Bilder hilfreich sein: Plötzlich wird aus einem abstrakten, tot geborenen Kind ein Mensch – und es kann nachvollziehen, warum die Eltern traurig sind. Ein Sternenkind ist eben kein Zellhaufen. Selbst in der 14. Schwangerschaftswoche sind schon Nase, Mund, kleine Hände und Fingernägel da – und die Kinder müssen nur noch wachsen.

Als Fotograf darf man in dieser Situation mitfühlen, aber nicht mitleiden – man muss also eine gewisse Distanz halten. Die Eltern geben einem aber auch viel zurück – die Dankbarkeit ist unbeschreiblich.«

Service-Teil
Hilfreiche Informationen und wichtige Adressen

Adressen

AGUS-Angehörige um Suizid e. V.
Bundesweite Selbsthilfevereinigung von An- und Zugehörigen von Menschen, die sich das Leben genommen haben. Sie bietet regional und online Unterstützung an.

www.agus-selbsthilfe.de

Bundesverband Trauerbegleitung e. V.
Deutschlandweiter Fachverband für Trauerbegleitung, Interessenvertretung und Sprachrohr für trauernde Menschen, Trauerbegleitende und Menschen in Lehre und Forschung zu Trauer. Er bietet verschiedenste Fachinformationen zum Thema und verweist zu regionalen Unterstützungsangeboten wie Trauergruppen.

www.bv-trauerbegleitung.de

Bundesverband Verwaiste Eltern und trauernde Geschwister in Deutschland e. V.

Der Verband bietet ein Netzwerk von Hilfen und Begleitung für Familienmitglieder wie Eltern und Geschwister an, die ein (Geschwister-)Kind verloren haben und ist Ansprechpartner für alle, die Familien nach dem Tod eines Kindes begleiten.

www.veid.de

Fotografie Sternenkind

Die Internetplattform bietet eine bundesweite Alarmierung zum Einsatz von Sternenkinderfotografen (0 62 57 / 9 18 50 09). Es stehen über 600 Fotografen zur Verfügung. Darüber hinaus sind verschiedenste Informationen zum Thema online ersichtlich. Träger der Plattform DEIN-STERNENKIND STIFTUNG ist die gemeinnützig anerkannte Deutsche Palliativ Stiftung.

www.dein-sternenkind.eu

Handgemachtes – Für Sternenkinder und Frühchen e. V.

Der Verein arbeitet auf gemeinnütziger Basis und bietet selbstgenähte Frühchen- und Sternenkindkleidung gegen geringe Aufwandsentschädigung an und finanziert sich über Spenden.

www.sternenkinder-fruehchen.de

Krebserkrankungen bei Kindern und Jugendlichen

Die Charité, Universitätsmedizin Berlin, bietet ein ausführliches Informationsportal zu Krebserkrankungen bei Kindern und Jugendlichen.

www.gpoh.de/kinderkrebsinfo/content/erkrankungen/index_ger.html

Krisenkompass

Die Plattform bietet über eine Android- und iOS-fähige App Hilfestellung bei suizidalen Krisen für betroffene Menschen und Menschen aus deren Umfeld sowie Hilfe nach dem Tod wie Umgang mit dem digitalen Nachlass. Träger der Plattform ist die Evangelische Konferenz für TelefonSeelsorge und Offene Tür e. V.

https://krisen-kompass.app

Patienteninformation – Webguide

Die Plattform bietet bundesweit telefonisch (030/88701633 und online ausführliche Informationen für Patienten aller Altersgruppen und Geschlechter zu Erkrankungen sowie Sterben und Trauer. Träger der Plattform ist der Förderverein INKA – Informationsnetz für Krebspatienten und Angehörige e. V.

www.patiententelefon.de

Trauernde Geschwister

Die Plattform bietet ein kostenfreies Online-Präventionsprogramm für Geschwister von verstorbenen Kindern und Jugendlichen, das strukturiert Informationen und Unterstützung nach dem Verlust – auch nach Suizid – bietet. Es wird vom Bundesministerium für Familie, Senioren, Frauen und Jugend unterstützt. Träger ist die MSB Medical School Berlin GmbH.

www.trauernde-geschwister.org

Hinweis zu religiösen Gemeinschaften

Viele religiöse Gemeinschaften bieten regional Unterstützungsmöglichkeiten wie Seelsorge, Trauergruppen oder ähnliches an. Entsprechende Informationen finden Sie an Aushängen der Gottes- oder Gebetshäuser, in den Sekretariaten oder auf den Internetseiten der jeweiligen Organisation.

Korrespondenzadresse des Autorenteams

dr.a.schulze@gmx.de

Bestattung – Möglichkeiten und gesetzliche Regelungen

Bestattung ist die Beförderung des Leichnams oder der Asche der verstorbenen Person an eine letzte Bestimmungsstelle. Dies unterliegt verschiedenen gesetzlichen Regelungen (Bund, Länder und Kommunen). Zum Beispiel:

Rechtliche Aspekte – Bestattung und Anzeige

Es besteht keine Bestattungspflicht bei Fehlgeburt, aber ein Bestattungsrecht. Die medizinische Einrichtung bietet die Sammelbestattungsmöglichkeit bei Fehl- und Totgeburt und ist zur Information verpflichtet. Bestattungspflicht besteht für totgeborene Kinder (nach ärztlicher Leichenschau und Todesbescheinigung).

Arten von Bestattungen

Die einzelnen Bundesländer haben unterschiedliche Bestattungsgesetze. Nicht jede Form der Bestattung ist in jeder Gemeinde oder kreisfreien Stadt möglich. Bitte informieren Sie sich hierüber bei einem Bestattungsunternehmen vor Ort.

- Erdbestattung: erfolgt über die Beauftragung eines Bestattungsunternehmens, das für Sie alles organisiert und den Ablauf mit den zuständigen Stellen klärt (zum Beispiel Grabstelle, Friedhofsamt, Abholung des Leichnams). Gibt es ein Familiengrab, kann ein totgeborenes oder kurz nach der Geburt verstorbenes Kind *überbeerdigt* werden, ohne eine eigene Grabstelle zu benötigen. Die nächsten Angehörigen müssen ihr Einverständnis dazu geben.

  Totgeborene Kinder und verstorbene Säuglinge bis zu einem Jahr können in einem eigenen Kindergrab in einem Gräber-

feld beerdigt werden (häufig als Sternkinderfriedhof bezeichnet).
Bei der »stillen Beisetzung« findet die Beerdigung ohne Angehörige statt. Dabei besteht die Möglichkeit zu erfahren, wo genau Ihr Kind begraben ist. Einen eigenen Grabstein aufzustellen ist nicht möglich.

- Einäscherung: ist nicht in jeder Gemeinde oder Kreisfreien Stadt möglich. Bitte erkundigen Sie sich vor Ort.

Regelungen der Bundesländer

Bundesland	Bestattungsrecht für Tot-/Fehlgeburten	Bestattungspflicht für Tot-/Fehlgeburten	Bestattungsrecht für Leibesfrüchte aus Schwangerschafts-abbrüchen
Baden-Württemberg	Ja	Ab 500 Gramm	Ja
Bayern	Ja	Ab 500 Gramm	Ja
Berlin	Ja	Ab 1000 Gramm	Nein
Brandenburg	Ja	Ab 1000 Gramm	Nein
Bremen	Ja, nach der 12. Woche	Ab 1000 Gramm	Ja, nach der 12. Woche
Hamburg	Ja	Ab 1000 Gramm	Nein, aber Bestattungspflicht für Einrichtung
Hessen	Ja	Ab 500 Gramm oder nach der 24. Woche	Wortlaut nicht eindeutig: fraglich, ob Föten und Embryonen auch aus Schwangerschaftsabbrüchen
Mecklenburg-Vorpommern	Ja	Ab 1000 Gramm	Ja, zumindest »Feten«, also ab der 11., spätestens 13. Woche
Niedersachsen	Ja	Ab 500 Gramm	Ja
Nordrhein-Westfalen	Ja	Keine	Ja
Rheinland-Pfalz	Ja	Ab 500 Gramm	Ja, individuelle Bestattung nur mit Einwilligung der Mutter
Saarland	Ja	Ab 500 Gramm	Nein
Sachsen	Ja	Ab 500 Gramm	Ja
Sachsen-Anhalt	Ja	Ab 500 Gramm	Ja
Schleswig-Holstein	Ja	Ab 500 Gramm	Ja, nur ab 500 Gramm, auf Wunsch eines Elternteils
Thüringen	Ja	Ab 500 Gramm	Ja

Bestattungspflicht für Kliniken bei nicht wahrgenommenem elterlichen Bestattungsrecht	Hinweispflicht auf Bestattungsmöglichkeit gegenüber zumindest einem Elternteil	Fundstelle im Gesetz
Ja	Ja	§ 30 BestattGBW
Ja	Ja	Art. 6 BestGBy
Nein	Ja	§1. §15 BestattungsG Berlin
Nein	Ja	§3. §19 BbgBestG
Ja, nach der 12. Woche	Ja	§§1, 17 Gesetz über das Leichenwesen Bremen
Ja, Ausnahme möglich für rechtmäßige wissenschaftliche Zwecke	Nein	§10 BestG HH
Ja, ergibt sich aber nur aus der ursprünglichen Gesetzesbegründung	Nein	§§ 9, 16 FBG Hessen
Ja, nach der 12. Woche	Ja, außer bei Schwangerschaftsabbrüchen	§ 9 BestattGM-V
Nein	Ja	§§ 2, 8 BestG NS
Ja	Ja	§ 8, § 14 BestG NW
Ja	Ja, außer bei Schwangerschaftsabbrüchen	§ 8 BestG RP
Nein	Nein	§§ 25, 12 II BestG SL
Ja (aber uneindeutig formuliert), wenn nicht für wissenschaftliche oder pharmazeutische Zwecke verwendet	Nein	§§ 9, 18 sächs FLB
Nein	Nein	§§ 2, 14, 15 LBF Sachsen-Anh.
Nein	Ja	§§ 2, 13 LBFSH
Ja, nach der 12. Woche und wenn nicht rechtmäßig zu medizinischen oder pharmazeutischen Zwecken verwandt	Nein	§§ 3, 17 ThürBestB

(Aeternitas e. V. 2022)

Begriffsklärungen

Abort Fehlgeburt; Abgang einer [noch] nicht lebensfähigen Leibesfrucht.

Anpassungsstörung ist eine als Erkrankung beschriebene Reaktion auf einmalige oder fortbestehende belastende Ereignisse (zum Beispiel Arbeitsplatzverlust, Trennung). Sie tritt innerhalb eines Monats nach Beginn des kritischen Lebensereignisses oder der (Dauer-)Belastung auf und hält meist nicht länger als 6 Monate an.

Autogenes Training ist ein wissenschaftlich noch wenig untersuchtes, aber als wirksam beschriebenes Entspannungsverfahren, das von Johannes H. Schultz (1932) entwickelt wurde. Durch angeleitete Selbstbeeinflussung bzw. spezifische Übungen wie zum Beispiel Aufmerksamkeitslenkung auf bestimmte Körperregionen und Aufsagen bestimmter Sätze werden Entspannungsprozesse gefördert.

Bestattung (auch Beisetzung, Beerdigung oder Begräbnis) ist die Verbringung des Leichnams oder der Asche eines Verstorbenen an einen festen, endgültig bestimmten Ort (Bestattungsplatz) in der Erde oder die Ausbringung der Asche in die Natur.

Biopsie ist die Gewebeentnahme von einer Körperstelle.

Broken-Heart-Syndrom (auch Takotsubo-Syndrom oder Stress-Kardiomyopathie) ist ein medizinisches Phänomen, das sich bei starker emotionaler Belastung wie zum Beispiel Trauer zeigen kann (»gebrochenes Herz«). Es beschreibt in dem Zusammenhang auftretende heftige Schmerzen in der Brust bzw. Herz-Kreislauf-Beschwerden und Luftnot.

Depression ist eine weit verbreitete psychische Störung, die durch länger anhaltende Antriebs- und Interessenslosigkeit, dem Verlust an Genussfähigkeit, Schuldgefühle, geringes

Selbstwertgefühl, Schlafstörungen, Appetitlosigkeit, Müdigkeit und Konzentrationsschwächen in unterschiedlichen Ausprägungen gekennzeichnet ist.

Embryo das im Bauch der Mutter heranwachsende Kind bis etwa zur 9. Woche nach der Befruchtung.

Fehlgeburt → Abort

Fötus (Fetus) Ab der 9. Schwangerschaftswoche, nach Ausbildung der inneren Organe und bis zur Geburt wird der sich entwickelnde Mensch als Fötus bzw. Fetus bezeichnet.

Kindsverlust meint das Versterben eines Kindes vor seinen Eltern oder Elternteilen. Die Eltern werden zum Teil auch (je nach Zeitpunkt des Kindsverlustes) als früh oder spät verwaiste Eltern bezeichnet.

Konsil, Konsiliardienst ist das Hinzuziehen einer/eines (nicht in der Institution) angestellten Ärztin/Arztes bzw. Psychotherapeutin/Psychotherapeuten zur Diagnostik und Behandlung von Patientinnen und Patienten.

Lebendgeburt nach der Scheidung des Kindes vom Mutterleib hat das Herz geschlagen oder pulsierte die Nabelschnur oder die natürliche Lungenatmung setzte ein

Lethargie ist ein körperlicher und psychischer Zustand der Trägheit, der mit Ermüdung, Interessensabnahme, verstärktem Schlafbedürfnis und manchmal mit Bewusstseinsstörungen verbunden ist.

Mantra ist ein Spruch/ein Lied/eine Hymne, das/die als heilig und mit einer spirituellen Kraft verbunden verstanden wird. Die positive Wirkung soll sich durch das wiederholende Aufsagen entfalten.

Mutterschutz Bei → Abort besteht kein Mutterschutz. Bei einer *Totgeburt* gelten die allgemeinen Schutzfristen von 8 Wochen und bei Mehrlingsgeburt 12 Wochen. Arbeitsversuch und Rückkehr in der Schutzzeit sind möglich.

Der Kündigungsschutz bei → Fehlgeburt gilt ab der 12. Schwangerschaftswoche bis vier Monate nach dem → Abort (incl. Mitteilung der Kündigung zu einem späteren Zeitpunkt). Im Krankheitsfall sind die allgemeinen Regelungen zur Krankengeldfortzahlung gültig.

Bei → Fehlgeburt und → Totgeburt besteht ein Anspruch auf die Betreuung durch eine Hebamme/Geburtshelfer für 10 Tage nach Verlust. Die Regelungen gilt für gesetzlich versicherte Frauen, bei privat versicherten Frauen ist die Abklärung mit der privaten Krankenversicherung notwendig.

Perinataler Kindstod ist des Versterben eines Kindes während der → Perinatalperiode.

Perinatalperiode ist der Zeitraum zwischen der 28. Schwangerschaftswoche und dem 7. Tag post partum (nach der Geburt).

Personenstand Ein tot geborenes Kind (→ Totgeburt) wird wie ein lebend geborenes Kind im Geburtsregister eingetragen (§ 21 PStG) – Nachname/Geburtsname, Geburtszeitpunkt und -ort, Geschlecht, ggf. Religionszugehörigkeit. Ein Vorname kann eingetragen werden.

Seit 2013 (Änderung PStG) können sorgeberechtigte Personen (i. d. R. leibliche Mutter oder leiblicher Vater) nachträglich mittels ärztlicher Bescheinigung oder Bescheinigung durch Hebamme/Geburtshelfer die Eintragung nach Fehlgeburt beim zuständigen Standesamt beantragen. Eltern erhalten daraufhin eine Bescheinigung mit Vornamen, Nachname, Zeitpunkt und -ort, ggf. Geschlecht des durch → Abort verlorenen → Embryos/Föten. Diese Bescheinigung berechtigt zur Durchführung einer regulären → Bestattung im Einzelgrab. Seitens medizinischer Einrichtungen besteht eine Anzeigepflicht über die (Tot-)Geburt und den Sterbefall beim Standesamt.

Plötzlicher Kindstod engl. *Sudden Infant Death Syndrome* (SIDS), meint das unerwartete Versterben eines zuvor gesunden Babys oder Kleinkinds ohne erkennbare Ursache innerhalb von 12 Monaten nach der Geburt. Das Eintretensrisiko ist im Alter zwischen zwei und vier Monaten und bei Jungen am höchsten. Es nimmt mit zunehmendem Alter ab. Im Jahr 2019 verstarben in Deutschland 107 Kinder durch plötzlichen Kindstod (Tendenz abnehmend). Prävention ist: Rückenlage des Kindes, rauchfreie Umgebung und richtige Bettung des Kindes zum Schlaf (nicht zu warm).

Prävention meint vorbeugende Maßnahmen zur Vermeidung einer unerwünschten Entwicklung.

Progressive Muskelrelaxation (PMR) (auch Progressive Muskelentspannung) ist ein wissenschaftlich fundiertes Entspannungsverfahren, das von Edmund Jacobsen Anfang des 20. Jahrhunderts entwickelt wurde. Es basiert auf der absichtlichen Anspannung und Entspannung von Muskeln bzw. Muskelgruppen.

Replacement-Child-Syndrom beschreibt das Überlagern/Übertragen von Gefühlen und Erwartungen an das »ideale« Kind, das starb, auf das nachfolgende Kind.

Ressourcenorientierung ist die Aufmerksamkeitslenkung auf Aspekte, Hilfsmittel und Handlungsmöglichkeiten, die Menschen bei der Bewältigung von Lebenssituationen unterstützen.

Schattenkind meint im gegebenen Zusammenhang, dass ein Kind weniger Aufmerksamkeit und Zuwendung bekommt, es in den Hintergrund des umsetzbaren Interesses der Eltern tritt, da deren Aufmerksamkeit und Fürsorge dem anderen/erkrankten, ggf. verstorbenen Kind gegeben wird.

Somatisierung ist der Prozess der Entwicklung und das Phänomen körperlicher Beschwerden, die sich nicht oder nicht ausreichend auf organische Erkrankungen zurückführen lassen.

Sternenkind ist der Name für eine sich nach der Befruchtung der Eizelle entwickelte und abgestorbene Leibesfrucht, ein → Embryo, Fötus, perinatal verstorbenes Kind (→ Totgeburt oder während bzw. bis sieben Tage nach der Geburt verstorbenes Kind), ggf. ein im ersten Lebensjahr verstorbenes Kind.

Suizid ist die absichtliche vorzeitige Beendigung des eigenen Lebens (Selbsttötung).

Totgeburt engl. *stillbirth* ist die vaginale Geburt oder Geburt per Kaiserschnitt eines ab der 22. Schwangerschaftswoche bei 500g oder mehr Gewicht bzw. ab der 24. Schwangerschaftswoche im Mutterleib oder währen der Geburt verstorbenen Kindes.

Triggern beschreibt den Vorgang der Auslösung eines Affektes, einer Empfindung. Dies kann zum Auftreten von Krankheitssymptomen führen. Der Auslöser wird Trigger genannt.

Verwaiste Eltern bezeichnet die Eltern, die ein Kind durch Tod verloren haben.

Vulnerable-Child-Syndrom meint Krankheitszeichen, bei dem Eltern aufgrund eines früheren Kindsverlusts fälschlicherweise glauben, dass ihr neues Kind ein Risiko für verhaltensbezogene, entwicklungsbezogene oder medizinische Probleme hat, und davon ausgehen, dass ihr Kind daher besonderer Pflege und Schutz vor möglichen Gefahren benötigt.

Statistische Angaben

Kindsverlust

Jahr	2021	2020	2019	2018	2017
Lebendgeborene	795.517	773.144	778.090	787.523	784.901
Totgeborene	3422	3162	3180	3030	3003
Im ersten Lebensjahr Verstorbene	2368	2373	2485	2505	2566
Davon innerhalb der ersten 7 Tage verstorben	1374	1359	1437	1410	1406

(DESTATIS 2022a und b)

Anzahl der Suizide im Jahr 2020

Altersgruppen von… bis unter… Jahre	Anzahl 2020 männlich + weiblich	Anzahl 2020 männlich	Anzahl 2020 weiblich
Unter 10	–	–	–
10 bis 15	25	15	10
15 bis 20	155	105	50
20 bis 25	328	260	68
Insgesamt 2020	9206	7454	2262

(DESTATIS 2022c)

Literaturangaben

Abgottspon, J. (2005): *Sternenkinder: Hinter Mauern aus Glas: Lyrik und Prosa*. Frankfurt a. M.: R. G. Fischer.

Aeternitas e. V. (2022): Sternenkinder – Regelungen/Gesetze der Bundesländer; www.aeternitas.de/inhalt/kind_tod_trauer/sternenkinder/sternenkinder_rechtliches/bundeslandregelungen [18.6.2022].

Baker, J. E./M. A. Sedney/E. Gross (1992): Psychological tasks for bereaved children, in: *American Journal of Orthopsychiatry* 62/1, 105–116.

Beutel M. E. (2002): *Der frühe Verlust eines Kindes: Bewältigung und Hilfe bei Fehl-, Totgeburt und Plötzlichem Kindstod*. 2., überarb. und erw. Aufl. Reihe Psychosoziale Medizin, Bd. 2. Göttingen: Hogrefe.

Borasio, G. D. (2011): *Über das Sterben: Was wir wissen, was wir tun können, wie wir uns darauf einstellen*. München: Beck.

Born, K./W. Schulze (2019): *Kinderwunsch bei Menschen mit geistiger Behinderung: Sozialberatung von Menschen mit geistiger Behinderung, Angehörigen und Betreuungspersonal*. Lage: Jacobs.

Bundeskonferenz der Erziehungsberatungsstellen e. V. (2020): Beratung für Kinder, Jugendliche und Eltern; https://bke.de [18. 6. 2022].

DESTATIS (2022a): Daten der Lebendgeborenen, Totgeborenen, Gestorbenen und der Gestorbenen im 1. Lebensjahr; www.destatis.de/DE/Themen/Gesellschaft-Umwelt/Bevoelkerung/Geburten/Tabellen/lebendgeborene-gestorbene.html [18. 6. 2022].

DESTATIS (2022b): Geburten – Säuglingssterblichkeit: Gestorbene Säuglinge nach der Lebensdauer; www.destatis.de/DE/Themen/Gesellschaft-Umwelt/Bevoelkerung/Sterbefaelle-

Lebenserwartung/Tabellen/saeuglingssterblichkeit.html [18. 6. 2022].

DESTATIS (2022c): Anzahl der Suizide 2020; www.destatis.de/DE/Themen/Gesellschaft-Umwelt/Gesundheit/Todesursachen/Tabellen/sterbefaelle-suizid-erwachsene-kinder.html [18. 6. 2022]

Grimm, M./A. Sommer (2011): *Still geboren.* Berlin: Panama.

Gronemeyer, R. (2007): *Sterben in Deutschland. Wie wir dem Tod wieder einen Platz in unserem Leben einräumen können.* Frankfurt a. M.: S. Fischer.

Gronemeyer, R./A. Heller (2014): *In Ruhe sterben. Was wir uns wünschen und was die moderne Medizin nicht leisten kann.* 3. Aufl. München: Pattloch.

Heuerding, B./C. Berger-Zell (Hg.) (2017): *Niemand soll vergessen sein: Bestatten – Gedenken – Erinnern: ein Praxisbuch.* 1. Aufl. Neukirchen-Vluyn: Neukirchener Verlag.

Kast, V. (1999): *Trauern. Phasen und Chancen des psychischen Prozesses.* Stuttgart: Kreuz.

Kersting, A./C. Roestel/K. Kroker (2008): Die Verarbeitung von Trauer nach einer Totgeburt, in: *Psychosomatik und Konsiliarpsychiatrie* 2/2, 69–73.

Krause, G./M. Schroeter-Rupieper (2018): *Menschen mit Behinderung in ihrer Trauerarbeit begleiten.* Göttingen: V&R.

Kübler-Ross, E. (1969): *Interviews mit Sterbenden.* Stuttgart: Kreuz.

Lammer, K. (2014): *Trauer verstehen: Formen, Erklärungen, Hilfen.* 4. Aufl. Berlin: Springer.

Lexa, N. (2017): Wenn die Wiege leer bleibt, in: *Pflegezeitschrift* 70/5, 23–26.

Lothrop, H. (2016): *Gute Hoffnung, jähes Ende: Fehlgeburt, Totgeburt und Verluste in der frühen Lebenszeit: Begleitung und neue Hoffnung für Eltern.* Vollst. Überarbeitung und Aktualisierung. München: Kösel.

Medienprojekt Wuppertal e. V. (2016): *Sternenkinder: Ein Film über die Trauerverarbeitung von Eltern, deren Babys im Mutterleib starben* (DVD, 60 min). Wuppertal.

Neimeyer, R. A. (2010): The life imprint, in: H. Rosenthal (ed.): *Favorite counseling and therapy homework assignments.* Revised edition. New York: Routledge.

Paul, C. (2016): *Schuld – Macht – Sinn: Arbeitsbuch für die Begleitung von Schuldfragen im Trauerprozess.* 4. Aufl. Gütersloh: Gütersloher Verlagshaus.

Paul, C. (2018): *Warum hast du uns das angetan?* Gütersloh: Gütersloher Verlagshaus

Rotthaus, W. (2022): *Suizidhandlungen von Kindern und Jugendlichen: Erkennen, verstehen, vorbeugen.* Heidelberg: Carl-Auer.

Schäfer, K. (2019): *Wenn Glauben schwer wird. Wie Eltern nach dem Tod ihres Kindes weiterleben.* Norderstedt/Karlsruhe 2013, Regensburg 2019: Books on Demand.

Schulze, W. (2022): *Psychisches Erkrankungsrisiko bei Eltern von Sternenkindern – Angebote von vorbeugenden Maßnahmen und deren Wirkungen mit Schwerpunkt auf psychosozialen Maßnahmen der Prävention im stationären Klinikkontext.* Dissertation, Universitätsmedizin an der Technischen Universität Dresden.

Sonnenmoser, M. (2011): Verwaiste Eltern: Zwischen Hoffnung, Trauer und Sinnsuche, in: *Deutsches Ärzteblatt* 10/2, 84–86.

Toth, B. (Hg.) (2017): *Fehlgeburten, Totgeburten, Frühgeburten: Ursachen, Prävention und Therapie.* Berlin/Heidelberg: Springer.

Wagner, B. (2013): *Komplizierte Trauer: Grundlagen, Diagnostik und Therapie.* Berlin/Heidelberg: Springer Medizin.

Willberg, H.-A. (2018): *Dankbarkeit. Grundprinzip der Menschlichkeit – Kraftquelle für ein gesundes Leben.* Heidelberg: Springer.

Worden, W. J. (2018): *Beratung und Therapie in Trauerfällen: Ein Handbuch.* 5., unv. Aufl. Bern: Hogrefe.

Zebothsen, B./V. Ragosch (2013): *Sternenkinder: Wenn eine Schwangerschaft zu früh endet.* Aktualis. Neuausg. München: Südwest.

Zeutschel, U. M. (2007): *Kindstod: Möglichkeiten adäquater Trauerarbeit.* Norderstedt: Books on Demand.

Znoj, H. (2016): *Komplizierte Trauer.* 2. überarb. Aufl. Göttingen: Hogrefe.

Die Autoren

Priv.-Doz. Dr. rer. nat. Dr. rer. medic. Andreas Schulze, Studium an der Humboldt-Universität Berlin; danach Tätigkeit an der Universitätsklinik/Poliklinik in Leipzig; Diplom-Psychologe mit den Arbeitsschwerpunkten suizidales Verhalten, Psychoonkologie, verwaiste Eltern; akademische Lehrpraxis der Technischen Universität Carolo-Wilhelmina zu Braunschweig; wissenschaftlicher Beirat der Mitteldeutschen Akademie für Psychotherapie mit Lehrauftrag; Forschungsschwerpunkt suizidales Verhalten; Zulassung für Erwachsene, Kinder und Jugendliche.

Prof. PhD. Dr. rer. medic. Wolfram Schulze studierte Soziale Arbeit, Pädagogik und Psychologie. Er lehrt und forscht zu Themen Klinischer und Betrieblicher Sozialer Arbeit, dem Umgang mit Trauer (bei frühem Kindverlust) und mit Suizidalität (in Organisationen). Nebenberuflich arbeitet er auf Grundlage eines breites Spektrums an Zusatzqualifikationen von Notfallpsychologie über Integrative Psychotherapie bis zu systematischem Coaching als Supervisor/Coach. Er ist unter anderem Mitherausgeber der Zeitschrift *Suizidprophylaxe*.

Die Illustratorin

Melanie Garanin studierte an der Hochschule für Film und Fernsehen Potsdam-Babelsberg Animationsfilm. Derzeit arbeitet sie als freiberufliche Illustratorin und Comiczeichnerin. Sie lebt mit ihrer Familie und zahlreichen Tieren in der Nähe von Berlin. Von ihr stammt auch die Graphic Novel NILS. Das Buch entstand als Reaktion auf den Tod ihres dreijährigen Sohnes Nils. Seit sie mit der Arbeit an NILS begann, nennt sie sich allerdings Comiczeichnerin und will am liebsten nichts anderes mehr machen.